Escalpopuntura Japonesa

Microssistema da Nova Acupuntura Craniana

頭鍼療法

CIP — Brasil. Catalogação na Publicação
Sindicato Nacional dos Editores de Livros, RJ

E51e
2. ed.

Enomóto, Jóji

Escalpopuntura japonesa : microssistema da nova acupuntura craniana / Jóji Enomóto. — 2. ed. — São Paulo : Ícone, 2021.

136 p. : il. ; 24 cm.

ISBN 978-85-274-1265-0

1. Medicina alternativa. I. Título.

14-14113

CDD: 615.5
CDU: 615.85

30/07/2021   30/07/2021

Prof. Jóji Enomóto
Membro da Federação Mundial de Medicina Chinesa (WSCMS)

Escalpopuntura Japonesa

Microssistema da Nova Acupuntura Craniana

頭鍼療法

2ª edição

Brasil – 2021

© Copyright 2021
Ícone Editora Ltda.

Capa
Prof. Jóji Enomóto

Diagramação
Suely Danelon

Revisão
Paulo Teixeira

Proibida a reprodução total ou parcial desta obra, de qualquer forma ou meio eletrônico, mecânico, inclusive através de processos xerográficos, sem permissão do editor (Lei nº 9.610/98).

Todos os direitos reservados pela
ÍCONE EDITORA LTDA.
Rua Javaés, 589 – Bom Retiro
CEP: 01130-010 – São Paulo/SP
Fone/Fax: (11) 3392-7771
www.iconeeditora.com.br
iconevendas@iconeeditora.com.br

Prólogo

A *vida* é sempre nosso maior mestre e, em qualquer circunstância, urge ouvirmos as suas mensagens.

Sumário

Prólogo, **5**

1. Introdução, **9**

2. Origem, **11**

3. Conceitos gerais da YNSA, **13**

4. Somatotopia diagnóstica energética, **15**

5. Detecção dos pontos, **17**

6. Grupos de pontos da YNSA, **19**

7. Procedimentos, **59**

8. Pontos Ypsilon, **63**

9. Métodos de diagnóstico abdominal e cervical de Yamamoto, **97**

10. Somatotopia dos órgãos Zang-Fu na região do Hara-Diagnóstico, **101**

11. Somatotopia da coluna vertebral, **113**

12. Diagnóstico cervical da Escalpopuntura Japonesa, **117**

13. Somatotopias adicionais, **125**

14. Pontos chave mestra, **133**

1. Introdução

A técnica de Yamamoto atualmente um dos microssistemas de acupuntura mais difundidos no mundo, junto com a Aurículo Acupuntura, a Acupuntura Sujok, a Quiro-acupuntura Koryo SoojiChim e entre outros.

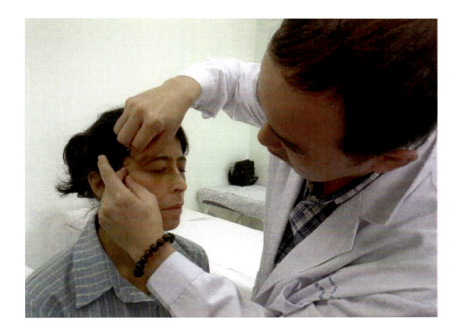

Um dos diferenciais do sistema Yamamoto Neue Schädelakupunktur (YNSA) é que ele desenvolveu um método de diagnose próprio e de rápida e fácil comprovação.

A técnica da Escalpopuntura Japonesa possui as seguintes características:

- Facilidade de aplicação (os pontos se localizam na região da cabeça).

- Técnica de diagnose energética de resposta imediata.

- Baixa invasividade (as agulhas são aplicadas no tecido subcutâneo.

- Segurança (no escalpo não há risco de lesão de órgãos vitais).

2. Origem

A técnica foi descoberta, no Japão, pelo Dr. Toshikatsu Yamamoto nos anos 1960. Natural da província de Nishinan, graduou-se em medicina ocidental, na Nippon Medical College, em Tóquio.

Posteriormente foi estudar nos EUA, na Universidade de Columbia, e na Alemanha onde se especializou em Obstetrícia e Ginecologia.

Ele, já de volta ao Japão, descobriu – acidentalmente, após aplicar uma substância a qual se revelou inócua – que o sintoma de dor desaparecera. Este fato o fez se interessar pelo estudo da acupuntura.

Conta-se que o Dr. Yamamoto procurou um sensei de acupuntura que morava em sua localidade, e que o iniciou na prática.

Com o tempo, Yamamoto abandona a prática da Medicina Ocidental para se dedicar integralmente à prática da acupuntura, com a ajuda de sua esposa, Helena Yamamoto, natural da Alemanha e que a conhecera nos EUA.

Devido ao seu grande interesse no uso dos microssistemas de acupuntura, começou a pesquisar a existência de pontos para o tratamento de algias do sistema locomotor, após um feliz acaso: ao palpar um ponto na região da testa de um paciente, este relata imediatamente uma sensação de estímulo no braço afetado. Posteriormente, descobre novas áreas reflexas; primeiro, na região anterior; depois, na lateral e posterior da cabeça.

Nos anos 1970, Yamamoto revela pela primeira vez a sua técnica no 25º Congresso da Sociedade Japonesa de Acupuntura Ryodoraku realizado em Osaka, Japão.

O reconhecimento internacional de sua pesquisa ocorre em meados dos anos 1980 na Alemanha. Sua técnica foi reconhecida como um método de tratamento independente e específico.

3. Conceitos gerais da YNSA

A YNSA é muito semelhante às técnicas de microssistemas de acupuntura, como a acupuntura auricular, Sujok, Koryo Soojichim etc.

A escalpo de Yamamoto se diferencia das outras por possuir um sistema próprio de diagnose energética e por possuir pontos próprios relacionados à dinâmica terapêutica dentro dos conceitos da MTCh.

A técnica possui também a característica de ser de fácil aplicação e seus resultados são rapidamente percebíveis.

Além dos pontos cranianos (escalpeano), dentro da YNSA existem os microssistemas do osso externo, dorsal, pubiano, sacral e do cotovelo.

Na região do abdômen e no pescoço, estão localizadas as áreas de diagnose energética. A maioria dos pontos é bilateral, localizados nas regiões frontal, lateral e posterior da cabeça. Basicamente, são divididos em dois: aspecto Yin e Yang. Na prática, os pontos mais utilizados são os Básicos e os pontos Ypsilon.

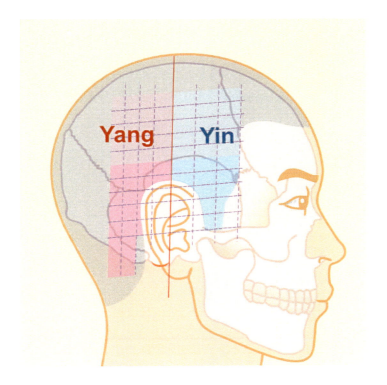

4. Somatotopia diagnóstica energética

Na técnica de Yamamoto existem duas regiões utilizadas: a área de Diagnóstico Cervical, na região do pescoço, onde se localizam os doze pontos correspondentes aos doze meridianos da MTch, e a área de Diagnóstico Abdominal que compreende a área do processo xifoide até a sínfise púbica, muito utilizada nas técnicas de acupuntura japonesa. Esta área é muito utilizada na técnica YNSA pela facilidade em verificar as alterações na superfície do ventre (sensibilidade dolorosa à pressão, pontos Koryo etc.).

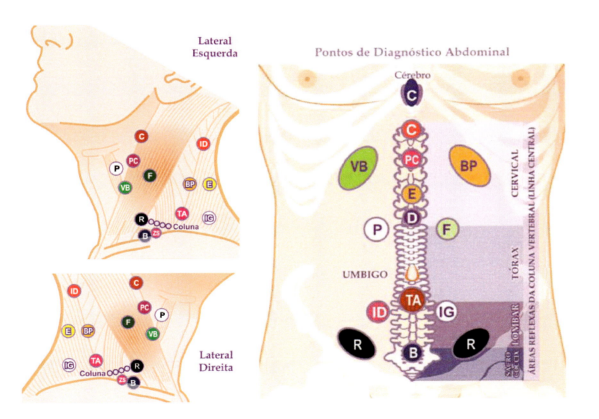

5. Detecção dos pontos

A detecção dos pontos na técnica da YNSA é realizada por meio da palpação digital com pressão, que varia de acordo com a sensibilidade do cliente.

Pode-se perceber que, via de regra, todo ponto patológico e de diagnose apresentam um grau de sensibilidade dolorosa maior do que a área circunvizinha.

Esses pontos, além da sensibilidade, também podem apresentar alterações morfológicas, como a presença de pequenas depressões, nó, colar de pérolas, edema etc.

Pode-se perceber, nas áreas com alterações de sensibilidade sob pressão, a presença de edema que pode voltar à sua forma rápida ou lentamente.

A observação do tempo em que o edema demora a desaparecer pode indicar:

- **Lentamente** – pode indicar síndrome de deficiência. Ex.: quadros degenerativos (asma, lombalgia etc.).

- **Rapidamente** – Síndrome de Excesso. Ex.: quadros inflamatórios (artrite, otite etc.).

Outros métodos de anamnese: Reflexo Arterial de Nogïer (RAN), *O-Ring Test* e Radiestesia.

6. Grupos de pontos da YNSA

Pode-se classificar e dividir, na técnica da YNSA, seus pontos em quatro grupos principais:

- **Pontos Básicos** (áreas do corpo, sistema locomotor).
- **Pontos Cerebrais** (cérebro, cerebelo e gânglios basais).
- **Pontos Sensoriais** (órgãos dos sentidos).
- **Pontos Ypsilon** (órgãos e vísceras da MTCh).

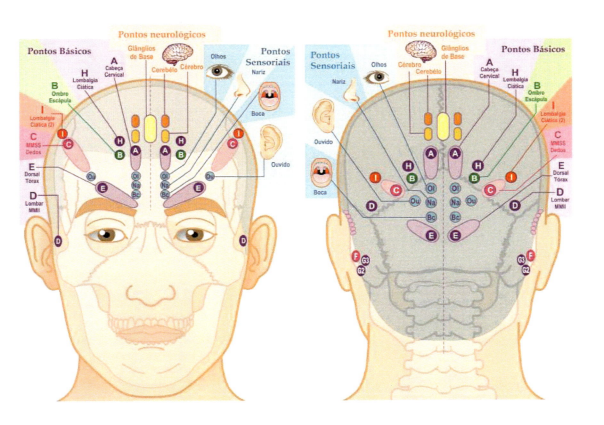

Na prática, utilizam-se, com mais frequência, os pontos localizados na face Yin (região anterior da cabeça), porém, em alguns casos, pode ser necessário a utilização, em conjunto dos pontos do aspecto Yang (região posterior da cabeça).

Para confirmar a eficiência do tratamento, utiliza-se a palpação dos pontos cervicais e da região abdominal. Esta avaliação palpatória deve ser realizada antes e após a inserção da agulha. Faz-se necessário lembrar também que, cada ponto dentro da técnica da YNSA exerce mais de uma função.

6.1. Pontos básicos

Os primeiros pontos básicos foram descobertos, na face Yin, no nível próximo da linha da implantação do cabelo. Na face Yang, os pontos (áreas) estão localizados acima do nível da sutura lombóidea.

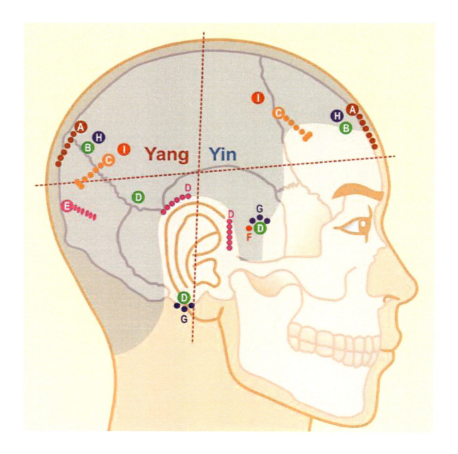

São divididos em cinco principais: A, B, C, D, E, F e G. Os demais são considerados pontos acessórios e servem como pontos complementares ou de reforço em alguns tratamentos: D1 ao D6, H e I.

Indicações: todos os problemas de algias e do sistema locomotor. Podem ser utilizados para o tratamento dos órgãos internos localizados nas correspondentes regiões dos pontos selecionados. Exemplo: Ponto Básico da Região do Tórax: pulmão, coração etc.

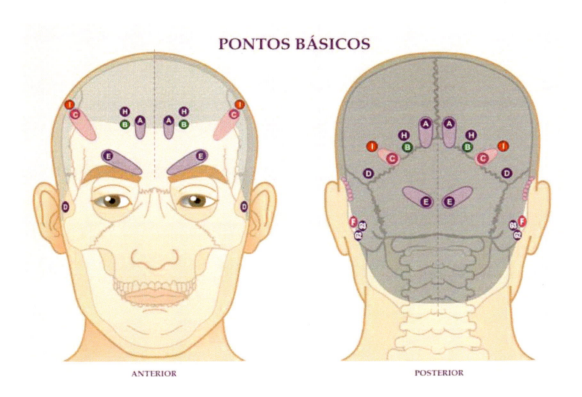

PONTOS BÁSICOS

ANTERIOR — POSTERIOR

6.1.1. Pontos básicos Yin

Ponto A

Correspondência: cabeça, nuca, cervical, pescoço, face.

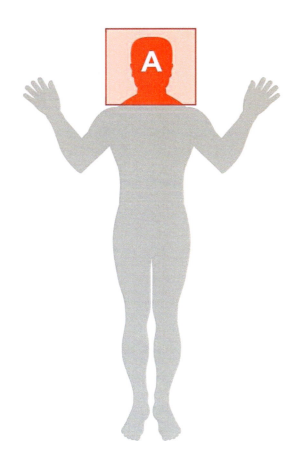

Localização: bilateral, no lado Yin, está a +/- 1 cm da linha do VG, no nível da linha de implante dos cabelos. Nos calvos, localiza-se ao contrair a fronte, a 1 cm acima da prega superior. É dividido em uma linha vertical de sete pontos, sendo o primeiro, o A1, localizado a 1 cm da linha do implante capilar, o A3 na altura da linha e o A7 localizado 1 cm abaixo da linha dos cabelos.

Indicações: ATM, cervicalgia, cefaleia etc.

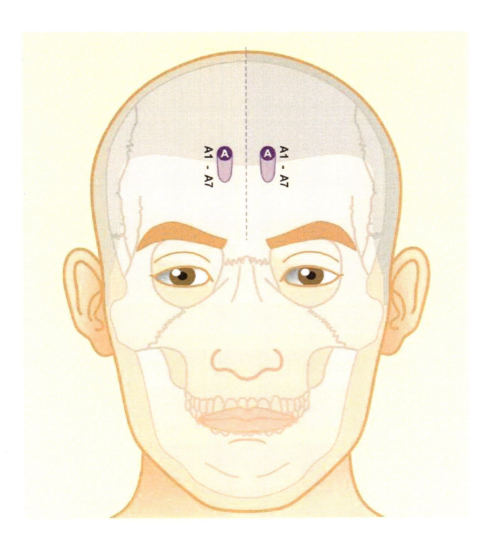

Ponto B

Correspondência: ombro, escápula e cervical. (Figura 10)

Localização: está a 2 cm o VG na altura da linha de implante dos cabelos (bilateral).

Indicações: ombralgia, bursite, hemiplegia dos MMSS, dores locais.

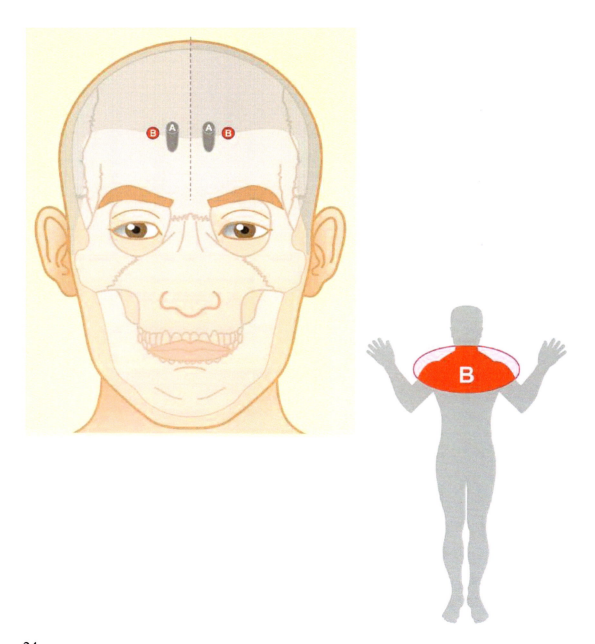

Ponto C

Correspondência: omoplata e MMSS.

Localização: está +/- a 5 cm lateralmente ao VG na região das "entradas" com 2 cm de extensão, sendo o ponto central localizado na linha de implante capilar. A lateral da parte cranial se localiza o ombro e, na parte caudal, se localizam as mãos e dedos, sendo o polegar no sentido lateral (bilateral).

Indicações: epicondilite, túnel do carpo, paralisias, ombralgia, luxações, síndromes dolorosas, parestesias, Síndrome de Raynaud (ponto circulatório).

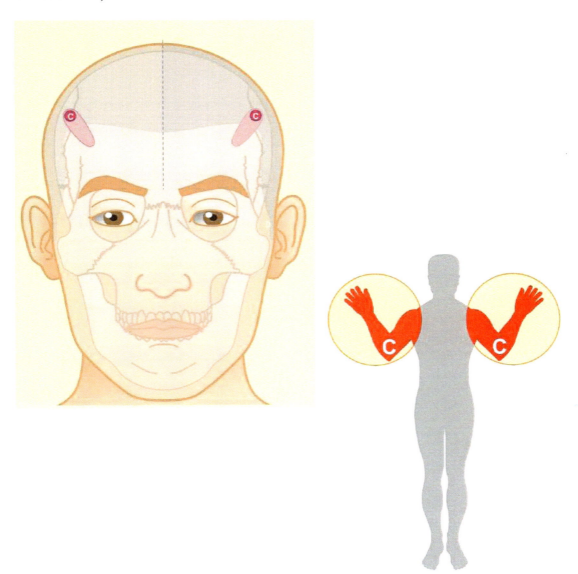

Ponto D

Correspondência: região lombar, pelve e MMII.

Localização: está +/- a 1 cm acima do arco zigomático na borda da linha do implante capilar na altura da região temporal.

Indicações: lombalgia, luxação da pelve, paralisia dos MMII, hemorragia, impotência sexual, problemas urogenitais, hérnia discal (lombar), fraturas.

Observação: está 0,5 cm acima do ponto D: ponto do joelho (G Yin).

Está 0,5 cm abaixo do ponto D: ponto dos dedos dos pés (Yin).

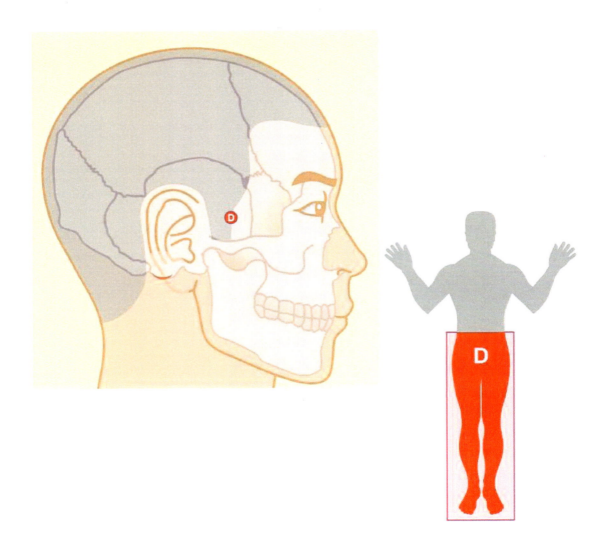

Ponto D "acessório" (extra)

Pontos D1 a D6 são o conjunto de pontos encontrados nas faces Yin e Yang (bilaterais) em um linha no sentido crânio-caudal localizado ao redor da orelha.

Correspondência: vértebras lombares, sacro e cóccix.

Localização: está na altura do implante da orelha até a incisura supratragal.

Indicações: complementar os efeitos dos pontos D (isquialgia, ciatalgia, lombalgia etc.

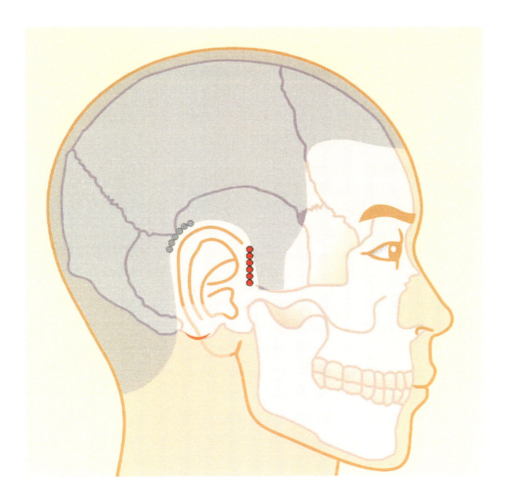

Ponto E (12 pontos)

Correspondência: região torácica, coluna dorsal, região intercostal.

Localização: está a 2 cm acima do ponto médio das sobrancelhas, em um ângulo de 15° no sentido medial (YinTang).

Indicações: asma, palpitações, bronquite, dispneia, alergias respiratórias, nevralgia intercostal, traumas, pós-operatório, herpes, hiperventilação.

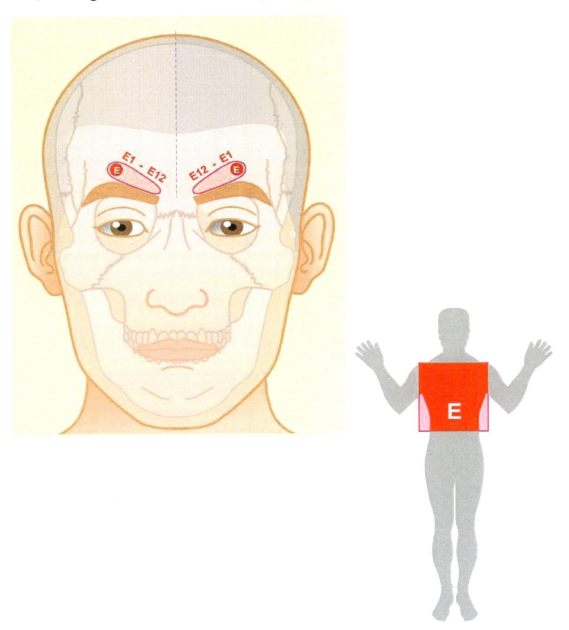

Ponto F

Correspondência: ciática (extra)

Localização: está entre o ponto D e os pontos lombares, acima do arco zigomático.

Indicações: lumbago/ciatalgia.

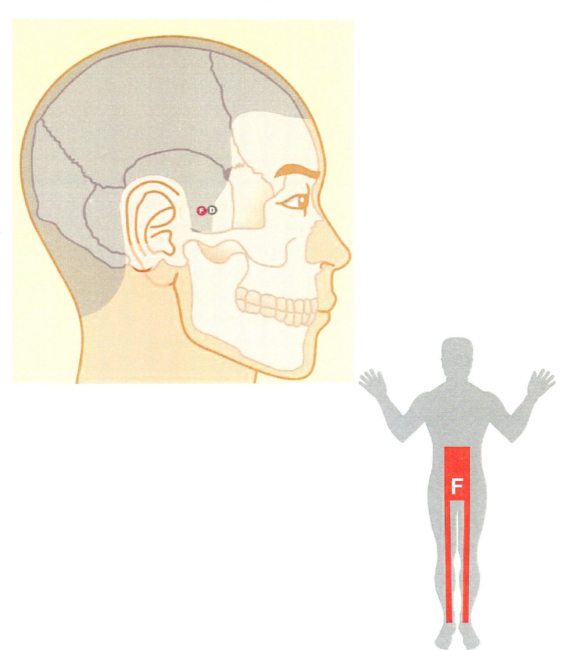

Ponto G

Correspondência: joelho, sendo dividido em três pontos: G1= joelho anterior; G2= joelho anterior e G3= joelho ateral.

Localização: Face Yin: está +/- a 2 cm acima do ponto D. Face Yang: em torno da borda inferior do processo mastóideo.

Indicações: torções, algias, artrite, luxações, reumatismo, bursite.

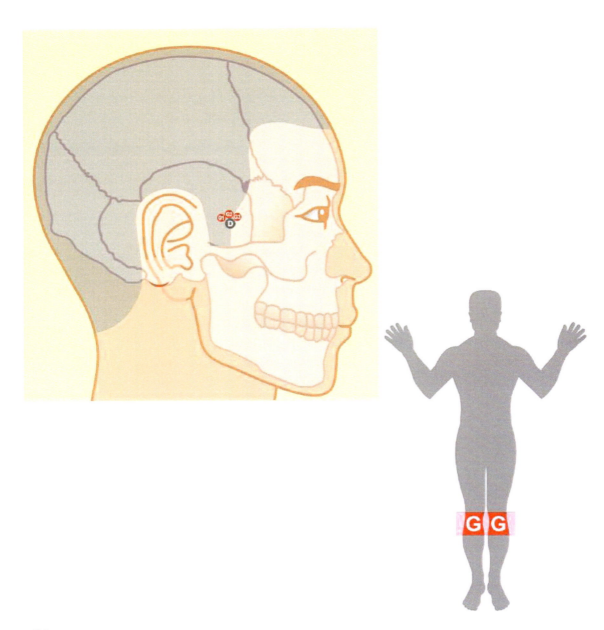

Ponto H

Correspondência: lombalgia (extra).

Localização: posterior ao ponto B.

Indicações: complementar os efeitos dos pontos D e F (região lombar).

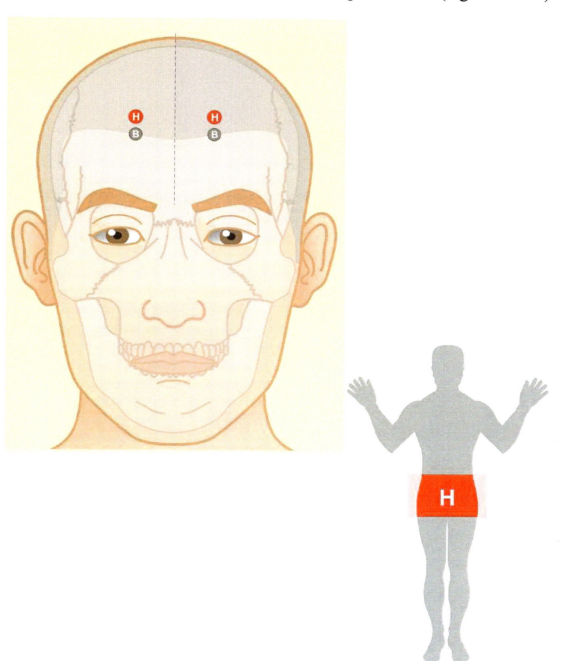

Ponto I

Correspondência: lombalgia/Ciatalgia (extra).

Localização: está +/- a 4 cm posterior ao ponto C na mesma linha.

Indicações: complementar os efeitos dos pontos D e F.

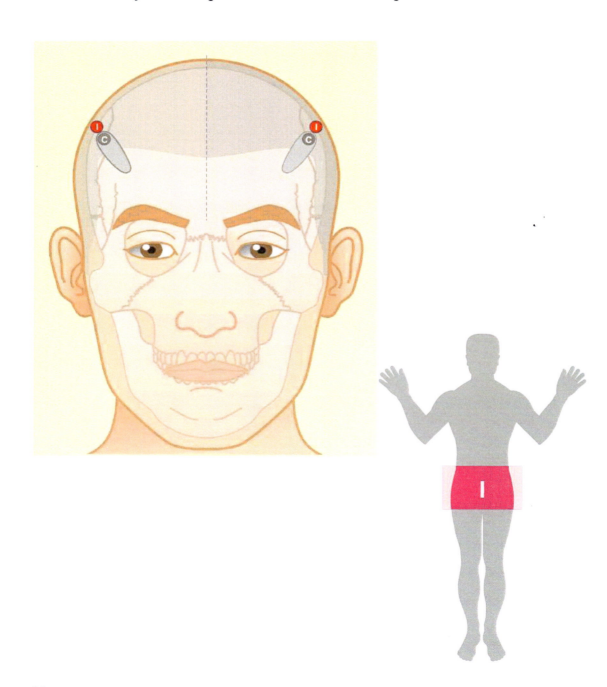

Ponto J

Correspondência: região dorsal dos pés (face superior).

Localização: está na região lateral aos pontos neurológicos (cérebro e cerebelo) na face anterior.

Indicações: sintomas de problemas na região do dorso dos pés.

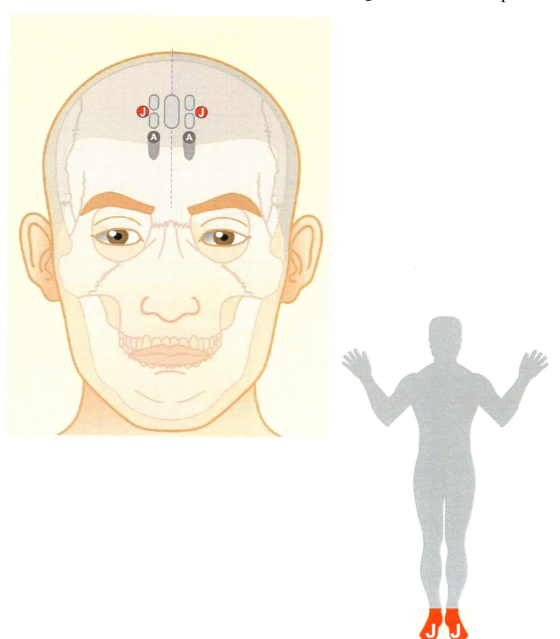

6.1.2. Pontos básicos Yang (posterior)

Ponto A

Correspondência: cabeça, nuca, cervical, pescoço, face.

Localização: está próxima à sutura lambdoide.

Indicações: ATM, cervicalgia, cefaleia etc.

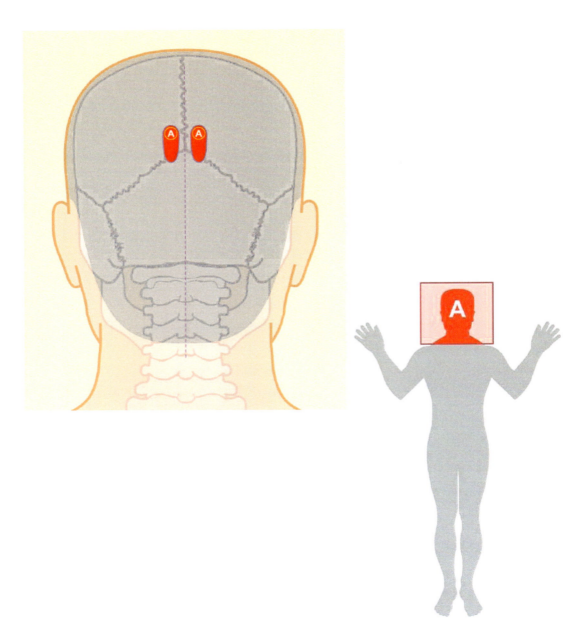

Ponto B

Correspondência: ombro, cintura escapular, escápula e cervical.

Localização: está +/- a 2 cm do meridiano VC, acompanhando a sutura lambdoide.

Indicações: ombralgia, bursite, hemiplegia dos MMSS, dores locais.

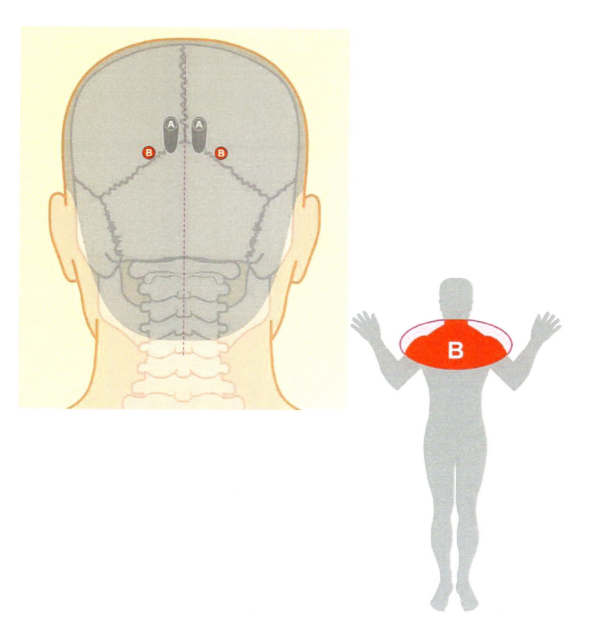

Ponto C

Correspondência: omoplata e MMSS.

Localização: está +/- a 5 cm lateralmente ao VC, acompanhando a sutura lambdoide.

Indicações: epicondilite, túnel do Carpo, paralisias, ombralgia, luxações, síndromes dolorosas, parestesias, Síndrome de Raynaud (ponto circulatório).

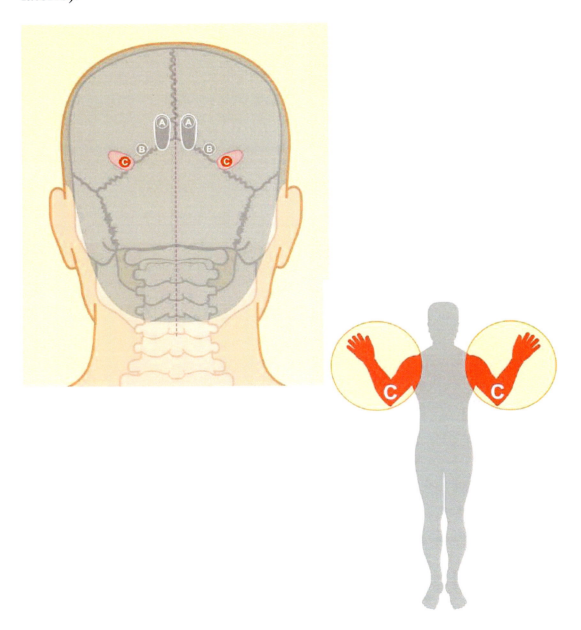

Ponto D

Correspondência: região lombar, pelve e MMII.

Localização: abaixo do ponto C na borda superior da sutura lambdoide.

Indicações: lombalgia, luxação da pelve, paralisia dos MMII, hemorragia, impotência sexual, problemas urogenitais, hérnia discal (lombar), fraturas.

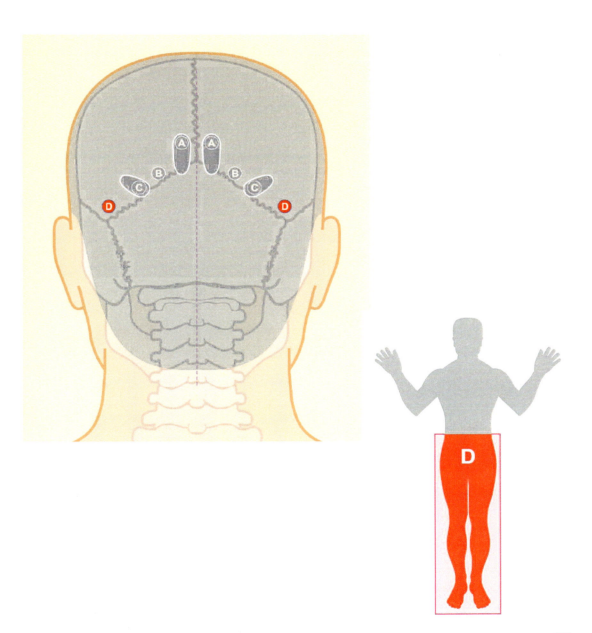

Ponto D "acessório" (extra)

Pontos D1 a D6 são o conjunto de pontos encontrados nas faces Yin e Yang (bilaterais) em um linha no sentido crânio-caudal encontrado ao redor da orelha.

Correspondência: vértebras lombares, sacro e cóccix.

Localização: em projeção aos pontos anteriores na área posterior superior da orelha.

Indicações: para complementar os efeitos dos pontos D (isquialgia, ciatalgia, lombalgia etc.

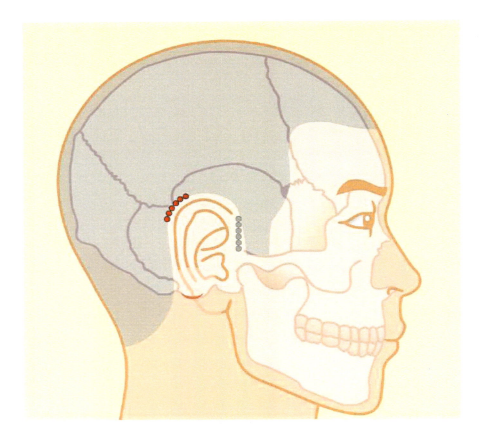

Ponto E (12 pontos)

Correspondência: região torácica, coluna dorsal, região intercostal.

Localização: está +/- a 7 cm abaixo do ponto A (Yang).

Indicações: asma, palpitações, bronquite, dispneia, alergias respiratórias, nevralgia intercostal, traumas, pós-operatório, herpes, hiperventilação.

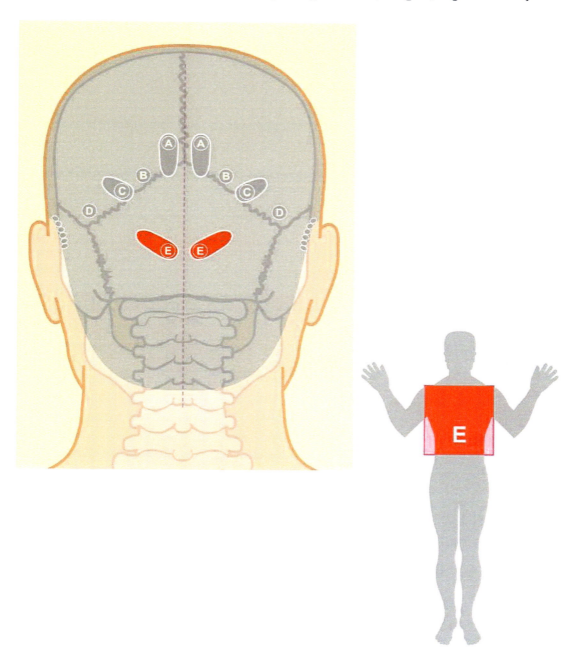

Ponto F

Correspondência: ciática (extra).

Localização: no ponto mais alto do processo mastóideo.

Indicações: lumbago/ciatalgia.

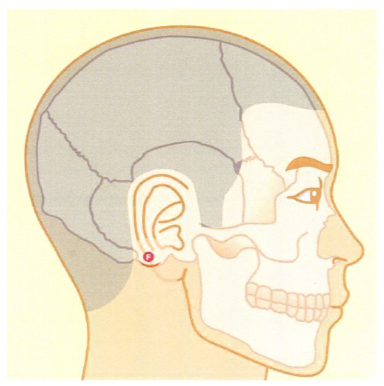

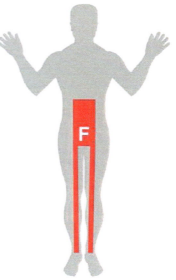

Ponto G

Correspondência: joelho, sendo dividido em três pontos: G1= Joelho anterior, G2= Joelho anterior e G3= Joelho lateral.

Localização: em torno da borda inferior do processo mastóideo.

Indicações: torções, algias, artrite, luxações, reumatismo, bursite.

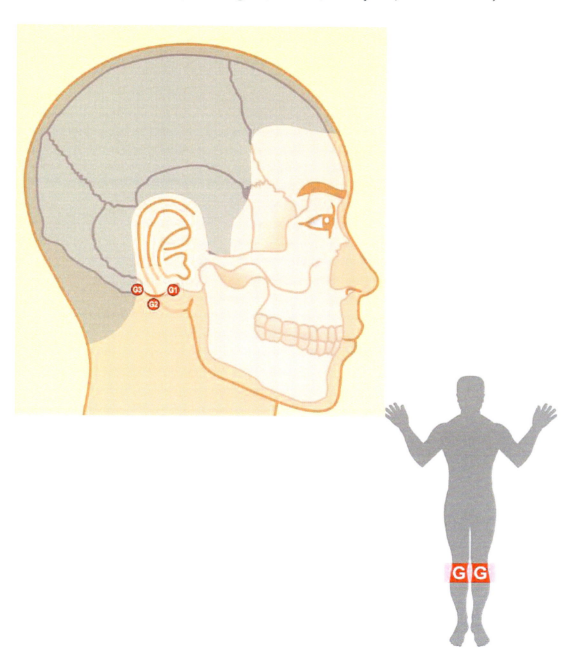

Ponto K

Correspondência: região plantar dos pés (sola).

Localização: na região lateral aos pontos neurológicos (cérebro e cerebelo) na face posterior da cabeça.

Indicações: sintomas de problemas na região plantar dos pés.

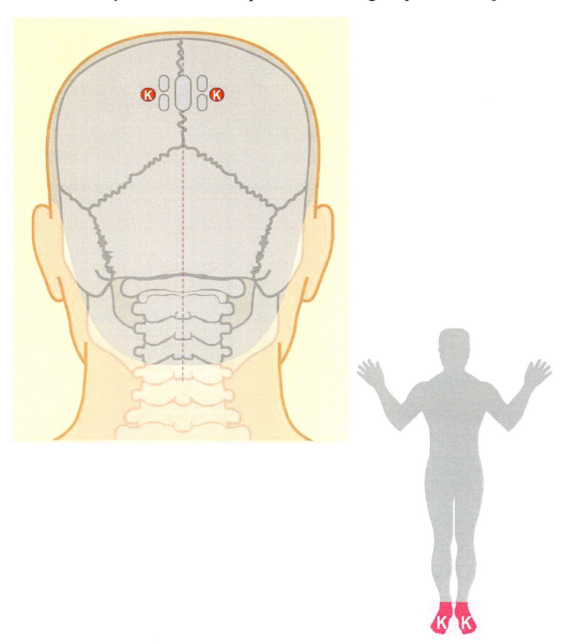

6.2. Pontos sensoriais

Estes pontos correspondem aos órgãos dos sentidos e à sua estrutura e em suas funções aos pontos relacionados.

São localizados na região da testa na sua face Yin, e na região occipital na face Yang. São encontrados em quatro pontos bilaterais: olhos, nariz, ouvido e boca.

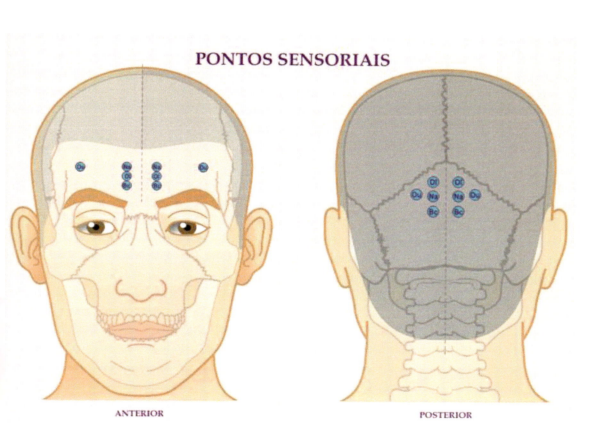

6.2.1. Pontos sensoriais Yin

Ponto dos Olhos

Correspondência: olhos e visão.

Localização: está +/- a 1 cm abaixo do Ponto A.

Indicações: distúrbios oculares; infecção, alergias, estrabismo, catarata, conjuntivite, degeneração macular, traumas, epífera (lacrimejamento).

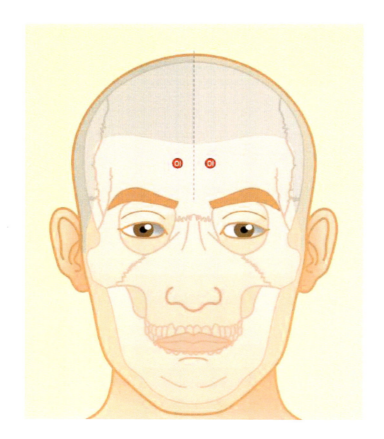

Ponto do Nariz

Correspondência: nariz

Localização: está +/- a 1 cm abaixo do ponto dos olhos.

Indicações: rinite, epistaxe, sinusite, trauma pós-operatório.

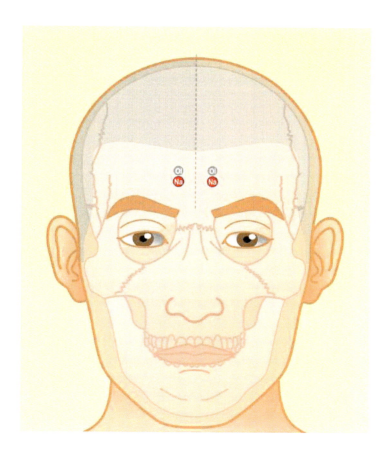

Ponto da Boca

Correspondência: fala, paladar, boca.

Localização: está +/- a 1 cm abaixo do ponto do nariz.

Indicações: distúrbios da fala, paladar, aftas, gengivite, ardor na língua, odontalgias, ATM, dores de garganta, estomatite.

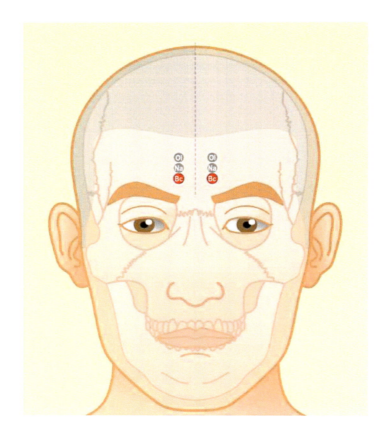

Ponto do Ouvido

Correspondência: orelha, equilíbrio e audição.

Localização: está +/- a 1 cm abaixo do ponto C.

Indicações: surdez, labirintite, otite, distúrbios auditivos.

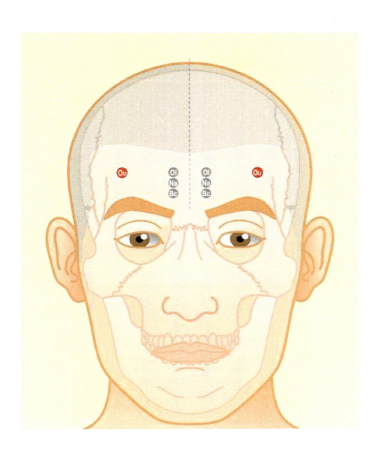

6.2.2. Pontos sensoriais Yang

Ponto dos Olhos

Correspondência: olhos e visão.

Localização: está +/- a 1 cm abaixo do Ponto A.

Indicações: distúrbios oculares, infecção, alergias, estrabismo, catarata, conjuntivite, degeneração macular, traumas e epífera (lacrimejamento).

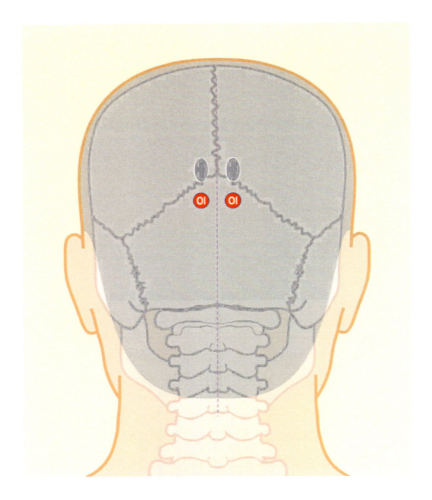

Ponto do Nariz

Correspondência: nariz.

Localização: está +/- a 1 cm abaixo do ponto dos olhos.

Indicações: rinite, epistaxe, sinusite, trauma e pós-operatório.

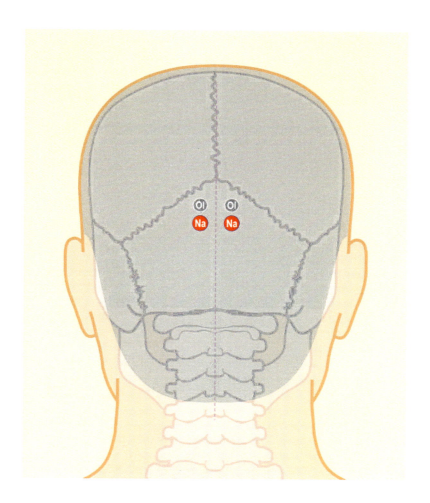

Ponto da Boca

Correspondência: fala, paladar e boca.

Localização: está +/- a 1 cm abaixo do Ponto do Nariz.

Indicações: distúrbios da fala, paladar, aftas, gengivite, ardor na língua, odontalgias, ATM, dores de garganta e estomatite.

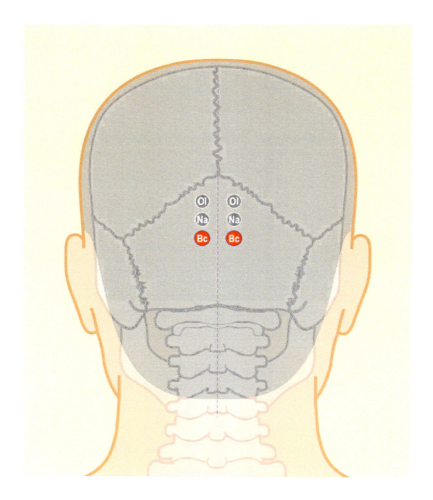

Ponto do Ouvido

Correspondência: orelha, equilíbrio e audição.

Localização: está +/- a 1 cm lateralmente ao ponto do nariz.

Indicações: surdez, labirintite, otite e distúrbios auditivos.

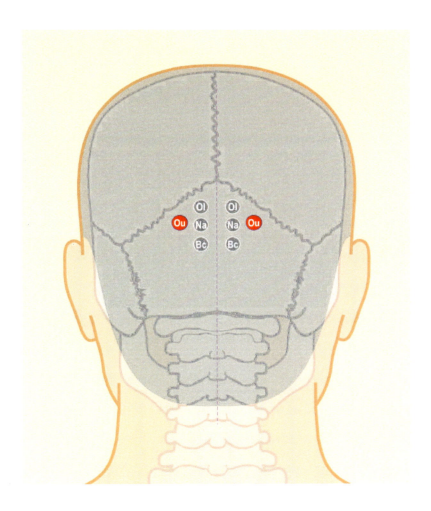

6.3. Pontos cerebrais

São localizados nas faces Yin e Yang e devem ser considerados a sua importância em qualquer tratamento no qual haja a suspeita de envolvimento de distúrbios neurológicos e problemas relacionados ao sistema hormonal.

A investigação palpatória (ponto pressalgico) é que irá determinar quais pontos devem ser utilizados em cada caso.

São divididos em três e são encontrados na face Yin e Yang, sendo dois deles bilaterais (Cérebro e Cerebelo) e um central (Gânglios Basais).

Indicações gerais dos pontos cerebrais

São indicados para o tratamento da depressão, distúrbios psíquicos, epilepsia, Parkinson (usar pontos bilaterais), esclerose múltipla (face Yang), distúrbio do sono, afasia, tinitus, demência, vertigem, Alzheimer, enxaquecas, nevralgia do trigêmeo, distúrbios motores, paraplegia, hemiplegia, tontura e dores crônicas.

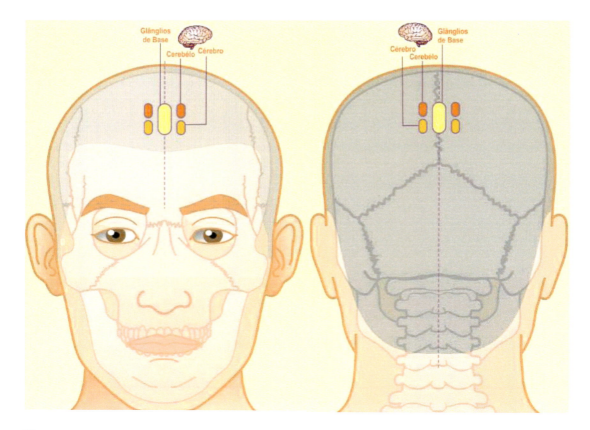

6.3.1. Pontos cerebrais Yin

Ponto Cérebro

Correspondência: Cérebro.

Localização: está +/- a 1 cm acima do Ponto A1.

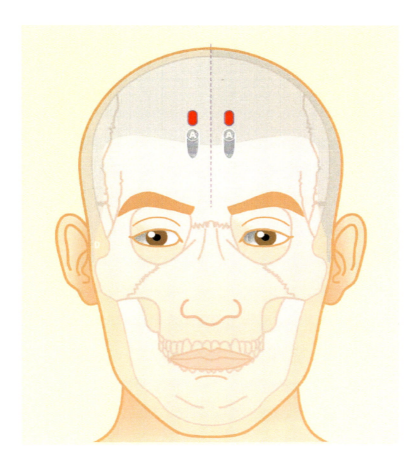

Ponto Cerebelo

Correspondência: cerebelo.

Localização: logo acima do ponto anterior.

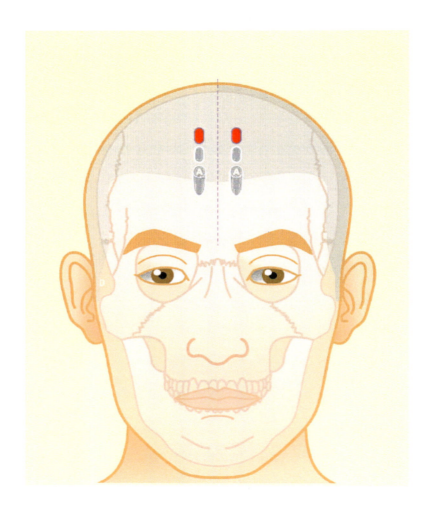

Ponto Gânglios Basais

Correspondência: Gânglios Basais.

Localização: está em cima da linha do meridiano VG, iniciando-se na altura dos pontos do cérebro e cerebelo, e se estendendo pouco acima do ponto cerebelo.

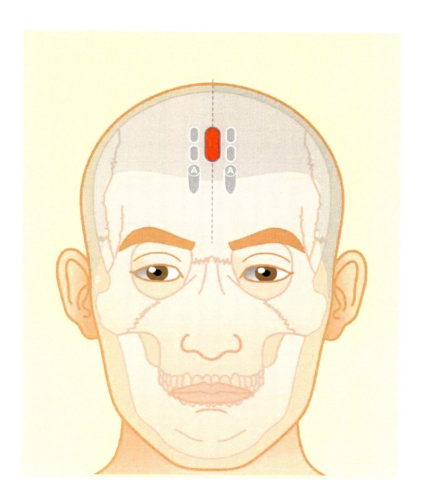

6.3.2. Pontos Cerebrais Yang

Ponto Cérebro

Correspondência: cérebro.

Localização: está +/- a 1 cm acima do Ponto A1.

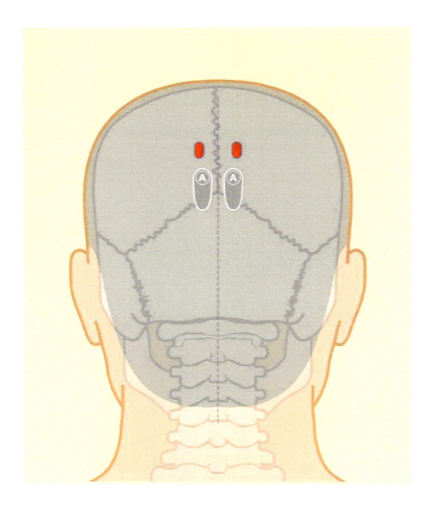

Ponto do Cerebelo

Correspondência: cerebelo.

Localização: logo acima do ponto anterior.

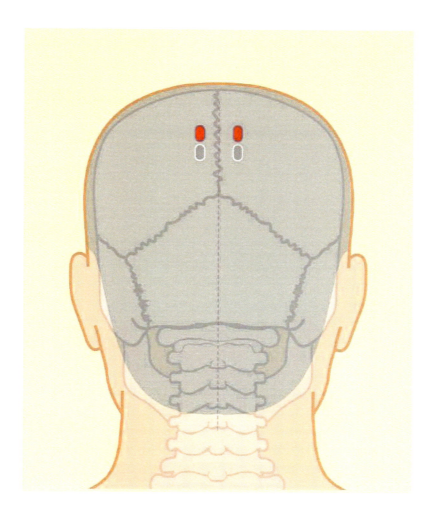

Ponto dos Gânglios Basais

Correspondência: Gânglios Basais.

Localização: está em cima da linha do meridiano VG, iniciando-se na altura dos pontos do cérebro e cerebelo e se estendendo pouco acima do ponto cerebelo.

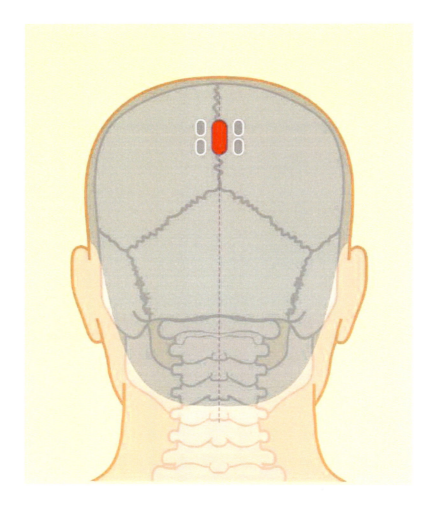

7. Procedimentos

7.1. Localização dos pontos de tratamento

Utiliza-se da palpação digital com pressão moderada para identificar a localização dos pontos a serem utilizados.

Yamamoto recomenda a aplicação da pressão com a própria unha do polegar.

Os pontos patológicos (a serem tratados) apresentam maior sensibilidade à pressão.

Alterações nos pontos podem ser percebidas como uma depressão local, nódulos, colar de pérolas.

Recomenda-se pressionar em volta do ponto, para verificar se há a presença de algum local mais sensível.

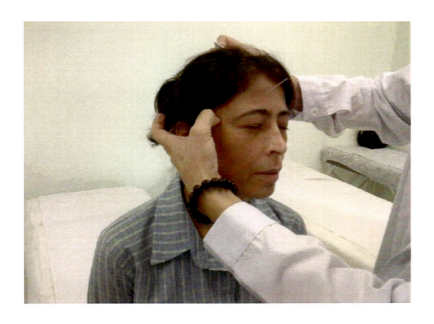

7.2. Lado a ser aplicado o tratamento

Usa-se a palpação do ponto IG4 (IOTI) bilateralmente para se verificar qual o lado a ser aplicado o tratamento. Aplica-se o tratamento no lado do ponto que apresentar maior sensibilidade.

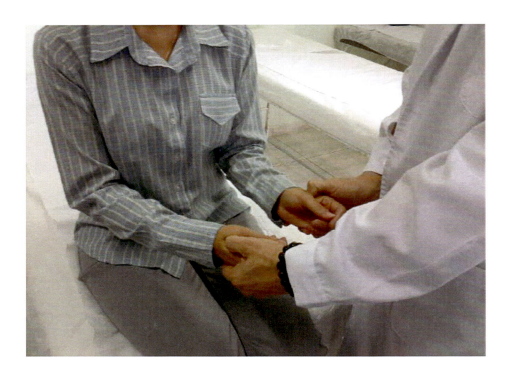

7.3. Tipo de agulha a ser utilizada

Recomenda-se o uso de agulhas de acupuntura sistêmica, esterilizadas e descartáveis na medida de 0,25 mm x 40 mm.

7.4. Método de inserção de agulha no sistema YNSA

Depois de localizar o ponto a ser tratado, higienizar o local com uma solução de álcool a 70°. Introduzir em seguida a agulha em um ângulo de 15°, a +/- 2 mm de distância na direção do local a ser agulhado entre a fáscia e o periósteo.

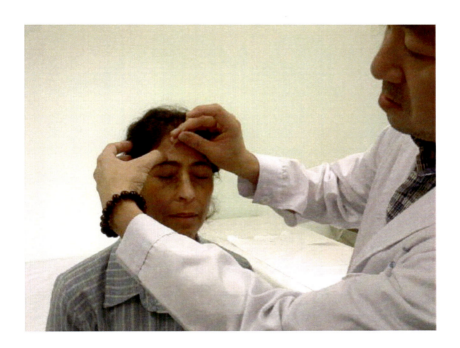

7.5. Reações comuns

Sensação de um pequeno "choque elétrico", leve dolorimento, sensação de peso ou areia. No caso de negativa, mantendo a agulha no ponto, altere o ângulo da ponta da agulha até o cliente relatar alguma sensação.

7.6. Tempo de permanência das agulhas

De 20 a 30 minutos, até 1 hora.

7.7. Número de sessões

Depende da evolução do quadro dos sintomas do cliente. De uma a duas sessões por semana são as médias, podendo ser de até três sessões em dias intercalados.

8. Pontos Ypsilon

Os pontos Y se localizam bilateralmente acima e ao redor da região da orelha. Na face Yin, encontra-se sobre a região do músculo temporal e é o lado mais usado na prática clínica.

Os pontos Y são doze e correspondem aos doze órgãos e vísceras energéticos da MTCh.

Podemos encontrar os pontos Y na face Yang e na face Yin.

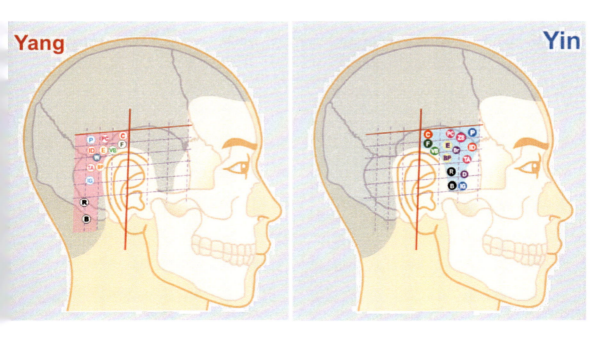

Além disso, os dois conjuntos de pontos possuem um "espelhamento" na região acima, conhecida com Yin Fraco e Yang Fraco, formando um total de quatro conjuntos de pontos Y, tendo como centro de referência o Ponto do Coração.

Os pontos Y têm ação sobre os canais de acupuntura, como na acupuntura auricular, e para se obter todos os benefícios de sua aplicação, faz-se necessário o conhecimento básico das teorias da MTch.

A eficácia do tratamento pelo uso dos pontos Y depende também da utilização do método de diagnose cervical e abdominal descoberto pelo Dr. Yamamoto.

Este deve, sempre que possível, ser aplicado antes, durante e após cada sessão de tratamento na qual se utilizem os pontos Y.

Segundo Yamamoto, quando não há sucesso no uso dos Pontos Básicos em um tratamento, os Pontos Y devem ser imediatamente utilizados.

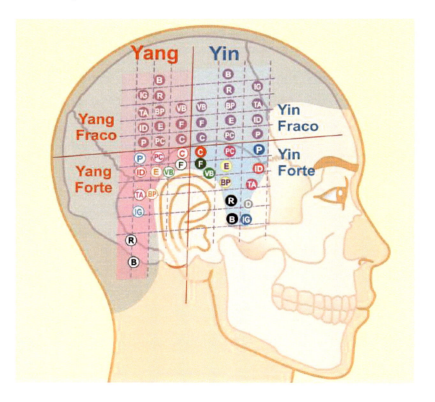

8.1. Indicações dos pontos Y

- Disfunções energéticas dos órgãos internos (pela teoria da MTCh).
- Distúrbios psíquicos.
- Disfunções motoras.

8.2. Localização dos pontos Y – Face Yin

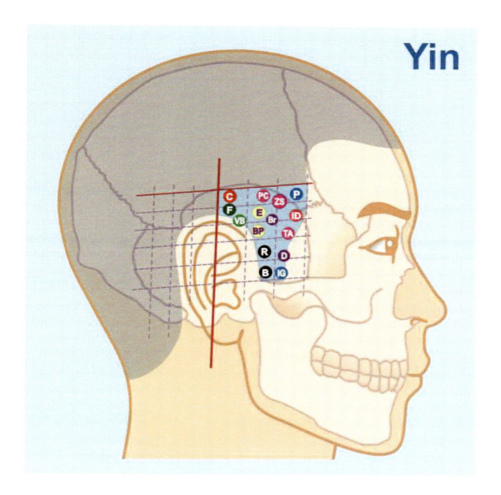

Ponto da Bexiga

O ponto mais caudal/posterior, diretamente sobre o malar, em frente à orelha, na linha de implantação dos cabelos.

- **Funções fisiológicas:** acumular urina e eliminá-la.

- **Funções energéticas:** transformação da urina e eliminação.

- **Observação:** problemas sexuais, frigidez, impotência, endometriose, miomas etc.

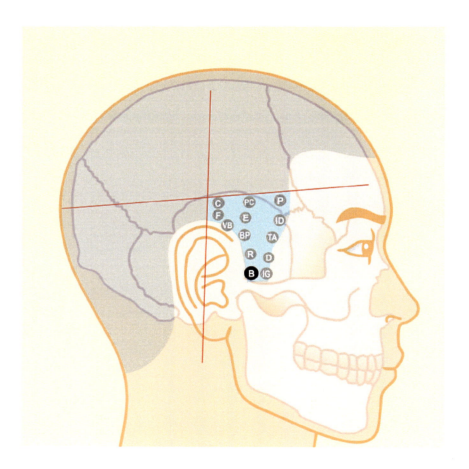

Ponto do Rim

Acima do ponto da Bexiga, na linha do implante capilar.

- **Funções Energéticas:** controlar os líquidos, os ossos, gerar a medula e nutrir o cérebro; receber o QI dos pulmões (QI significa bioenergia); é a morada da essência (Jing).

- **Ponto de Reflexo:** cabelos.

- **Abertura:** orelhas, ânus e órgãos urogenitais.

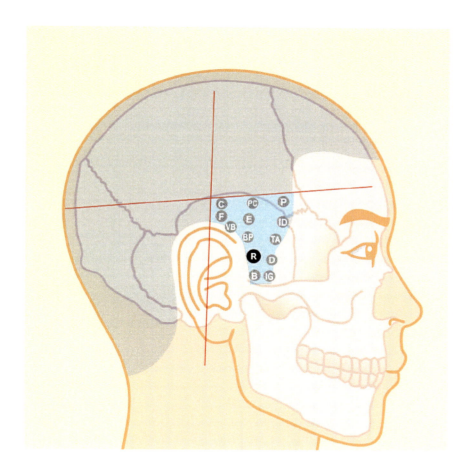

Ponto do Intestino Grosso

Anterior ao ponto da bexiga, na linha de implantação dos cabelos.

- **Funções fisiológicas:** transmitir os alimentos digeridos e excretá--los, absorver os líquidos.

- **Funções energéticas:** transporte do KI e eliminação.

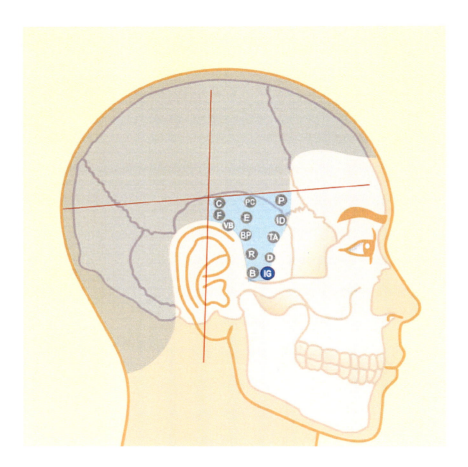

Ponto do Triplo Aquecedor

Acima do ponto D e do IG.

- **Funções fisiológicas:** equilibrar o metabolismo.

- **Funções energéticas**: controlar o transporte do KI, líquidos e substâncias essenciais por todo o organismo.

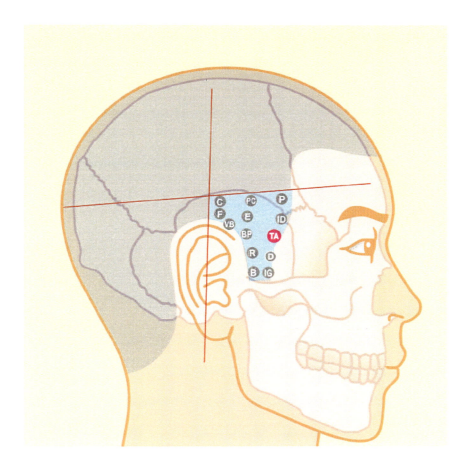

Ponto do Intestino Delgado

- Acima do ponto do TA.

- **Funções fisiológicas**: digerir e absorver nutrientes.

- **Funções energéticas:** produzir o sangue (xue) e separar o puro do turvo.

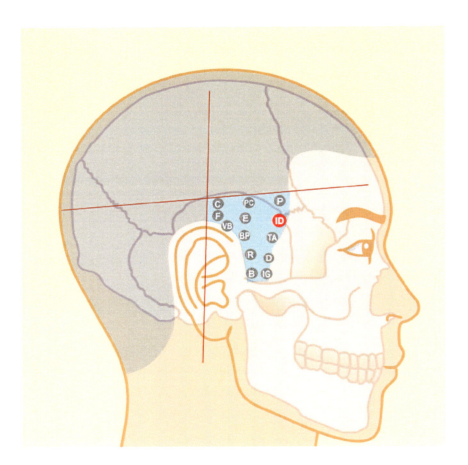

Ponto do Baço

Acima do ponto do Rim, posterior ao ponto TA.

- **Funções energéticas:** controla os tendões e ligamentos, dos membros e do controle do xue.
- **Ponto de reflexo:** lábios.
- **Abertura:** boca.

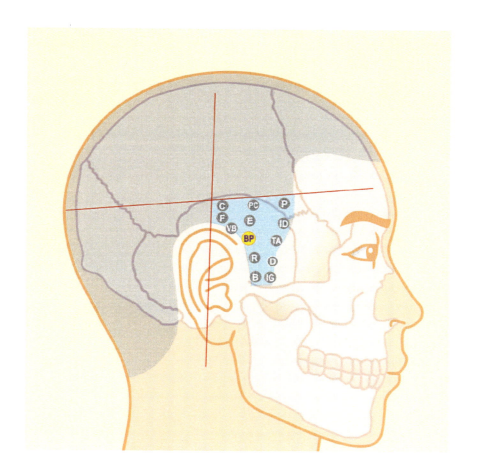

Ponto do Estômago

Acima do ponto anterior (BP), e posterior ao ID.

- **Funções energéticas:** absorver o QI dos nutrientes, manter a VIDA após o nascimento junto de BP (difusão do KI).

- **Observação:** diz-se que quando se acaba o KI do estômago a vida se acaba.

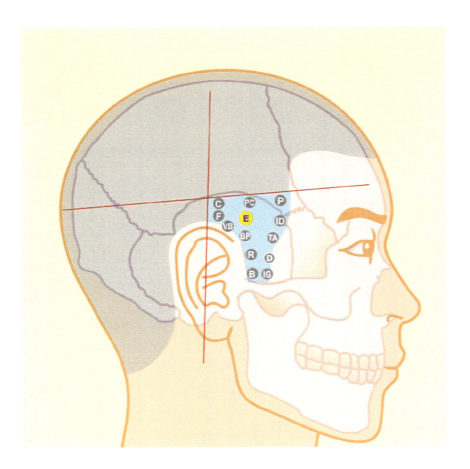

Ponto da Vesícula Biliar

Localizada posteriormente entre os pontos E e BP, na linha de implante dos cabelos.

- **Funções energéticas:** controlar todas as atividades *emocionais*.

- **Observação:** (terror, insônia e insegurança são manifestações do desequilíbrio energético deste órgão).

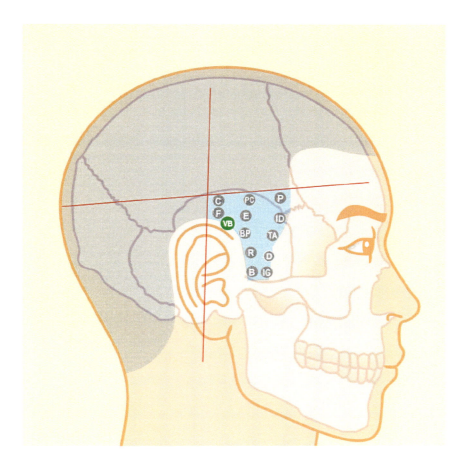

Ponto do Fígado

Localizado: está +/- a 1 cm acima e posterior ao ponto VB, na linha de implantação dos cabelos, acima da orelha.

- **Funções energéticas:** controlar os músculos.
- **Ponto de reflexo:** unhas.
- **Abertura:** olhos (visão).

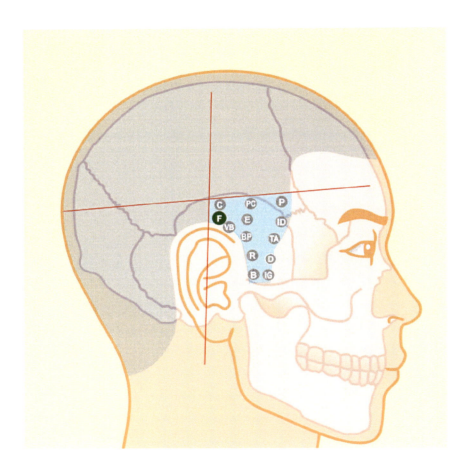

Ponto do Coração

Acima do ponto anterior (VB).

- **Funções fisiológicas:** controlar o fluxo do sangue e os vasos sanguíneos.
- **Funções energéticas:** controlar as atividades mentais (shen) e alegria.
- **Ponto de reflexo:** rosto.
- **Abertura:** língua.

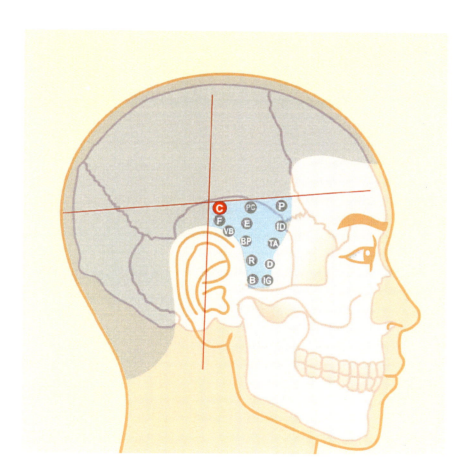

Ponto do Pericárdio

Acima do ponto do Estômago, anterior ao ponto do Coração.

- **Funções Energéticas:** proteger o coração energético contra o KI nocivo.

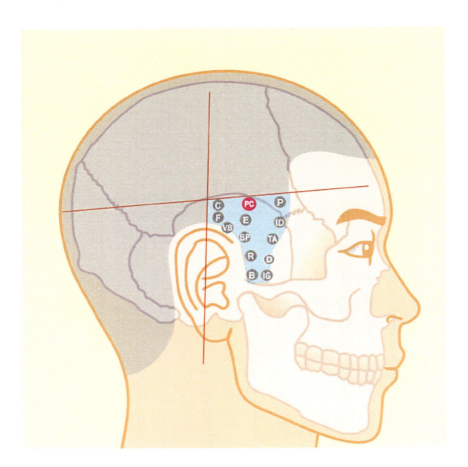

Ponto do Pulmão

Anterior ao ponto do pericárdio e acima do ponto do ID, ligeiramente posterior.

- **Funções energéticas:** controlar a entrada, purificação, difusão e descida do QI (QI significa bioenergia) e comunicar e regular as vias das águas (líquidos).

- **Ponto de reflexo:** pele e pelos do corpo.

- **Abertura:** nariz (aparelho respiratório).

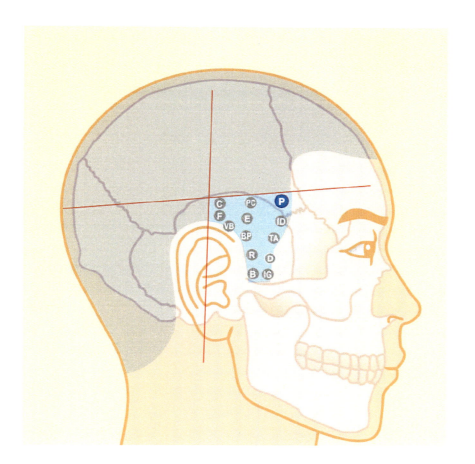

8.3. Localização dos pontos Y – Face Yang

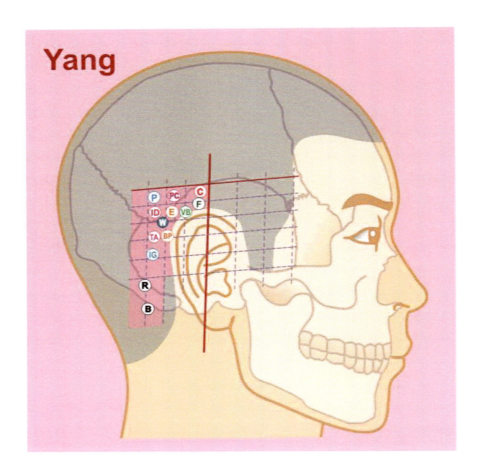

8.3.1. PONTOS YPSILON – FACE YANG

Os pontos Ypsilon localizados na face Yang têm as mesmas propriedades dos pontos localizados na face Yin.

Segundo Yamamoto, seu uso é indicado quando há pouco ou nenhum efeito no uso dos pontos Ypsilon na face Yin.

Os pontos Ypsilon da face Yang se posicionam semelhantes aos da face Yin, mas semelhantes a um espelhamento, em que os Pontos Bexiga e Rim se localizam em uma posição mais abaixo (inferior) em proporção aos mesmos da face Yin.

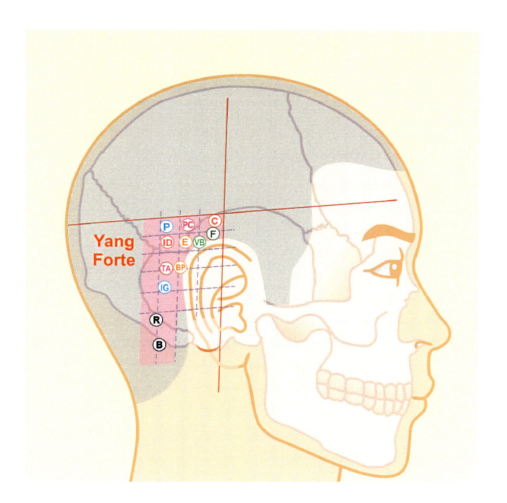

Coração

Localizado posterior ao ponto C da face Yin.

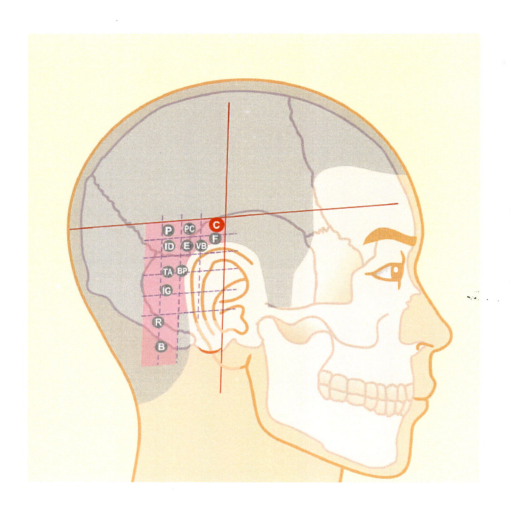

Fígado

Localizado posterior ao ponto F da face Yin.

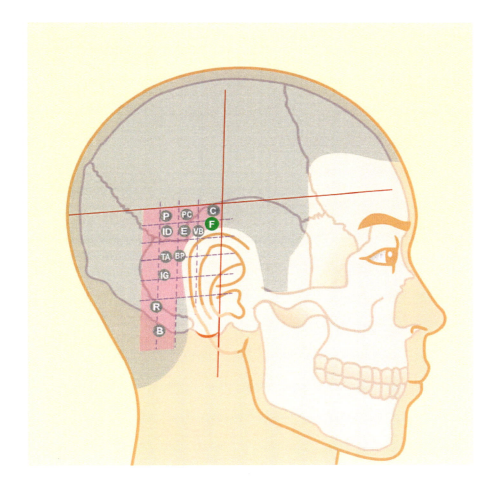

Pericárdio

Localizado posterior ao ponto do Coração.

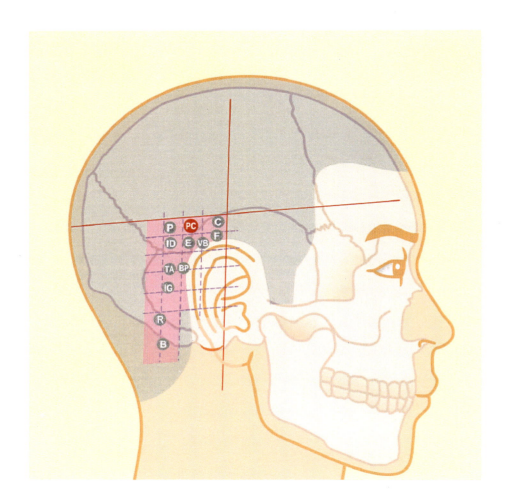

Pulmão

Localizado posterior ao ponto do PC.

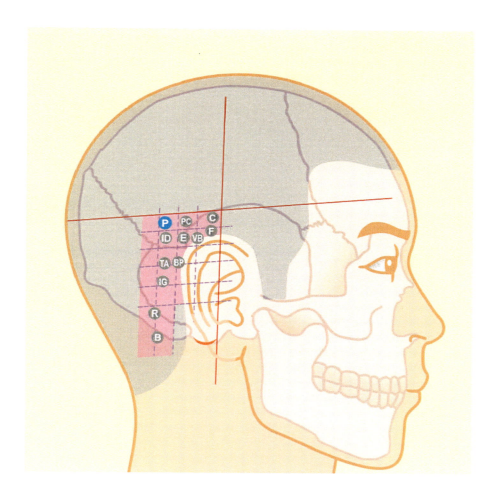

Intestino Delgado

Localizado inferior ao ponto do Pulmão.

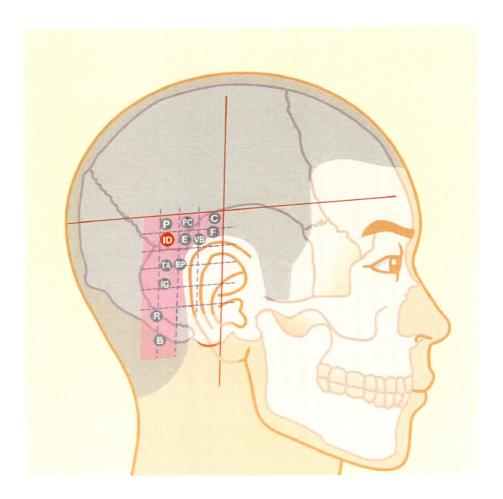

Estômago

Localizado anterior ao ponto do ID.

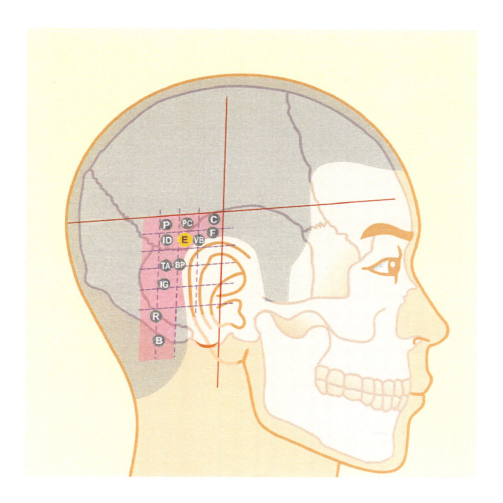

Vesícula Biliar

Localizada anterior ao ponto do Estômago.

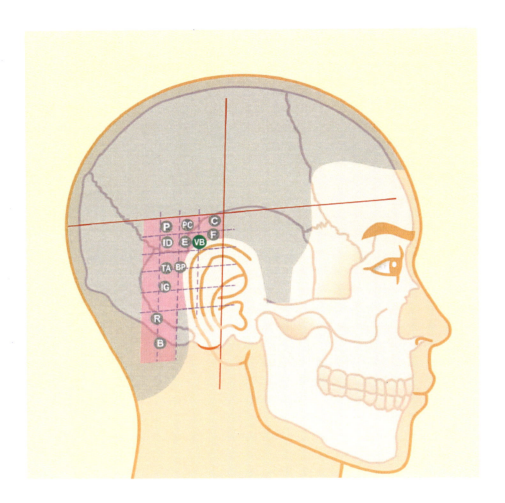

Triplo Aquecedor

Localizado inferior ao ponto do ID.

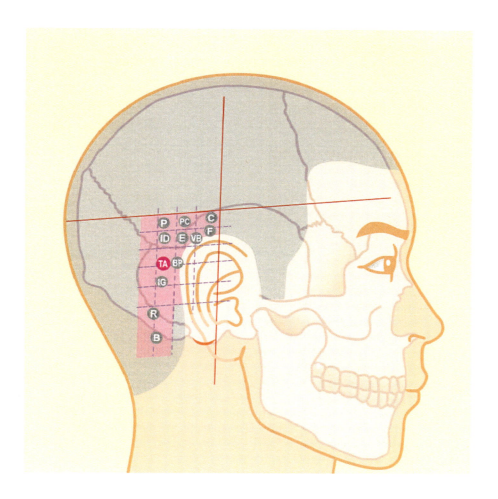

Baço

Localizado anterior ao ponto do TA e inferior ao ponto do E.

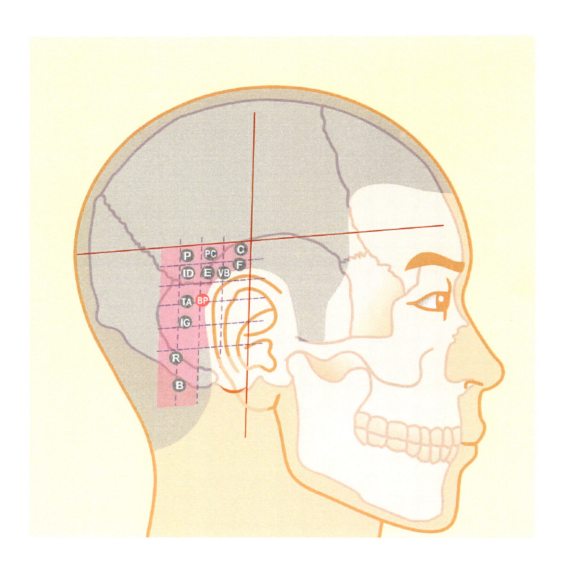

Intestino Grosso

Localizado inferior ao ponto do TA.

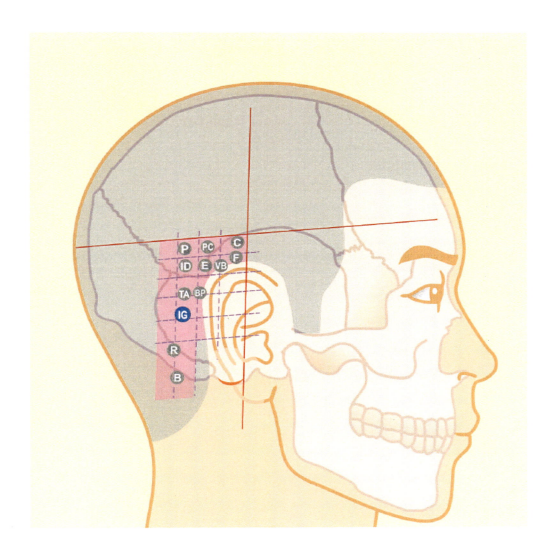

Rim

Localizado inferior ao ponto do IG.

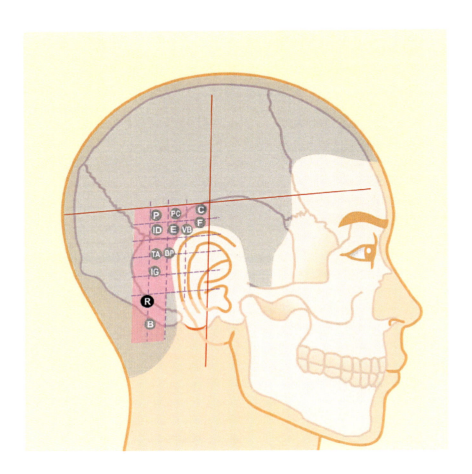

Bexiga

Localizada inferior ao ponto do R.

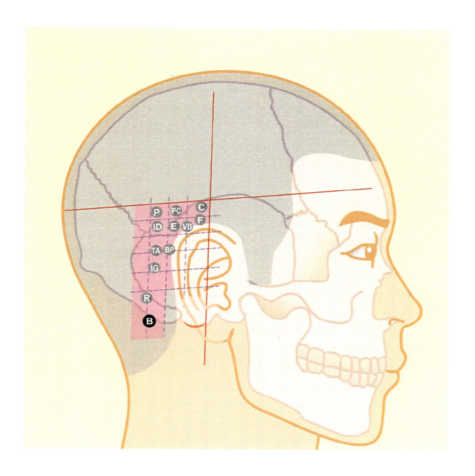

8.4. Pontos Ypsilon Yin Fraco e Yang Fraco

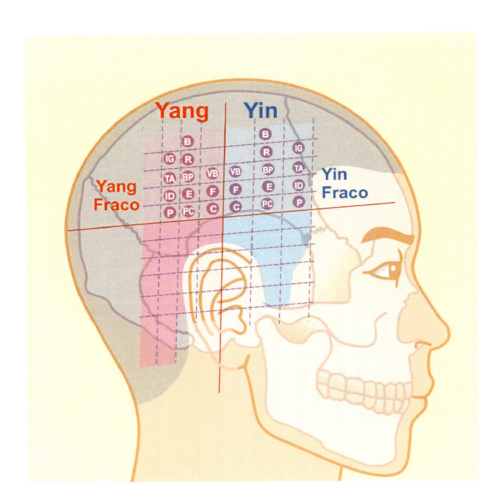

8.4.1. Pontos Ypsilon Yin e Yang Fraco

Yamamoto descobriu a existência de dois conjuntos de pontos Ypsilon, localizados na região temporal, acima dos pontos Ypsilon tradicionais, denominados de Yin Fraco (acima dos pontos Yin tradicionais) e Yang Fraco (acima dos pontos Yang tradicionais).

Estes dois conjuntos de pontos se posicionam como em um espelhamento dos conjuntos de pontos Ypsilon tradicionais.

Os pontos Ypsilon "tradicionais" receberam a denominação de pontos Yin Forte e Yang Forte.

O grupo de novos pontos Ypsilon localizado acima dos pontos Ypsilon Forte (Yin e Yang) recebeu a denominação de Pontos Yin Fraco e Yang Fraco.

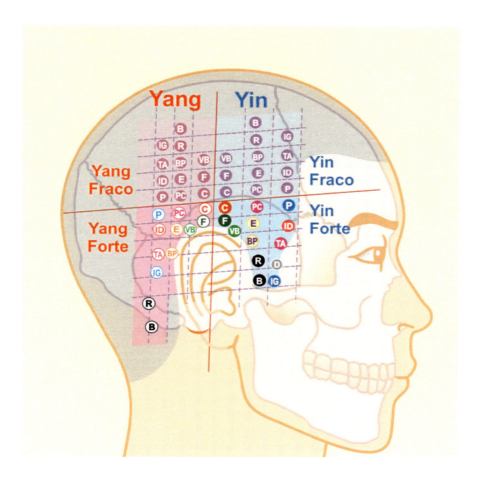

8.5. Localização dos pontos – Ypsilon Yin Fraco

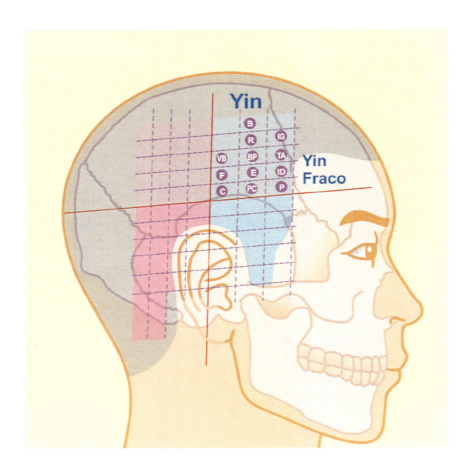

8.6. Localização dos pontos – Ypsilon Yang Fraco

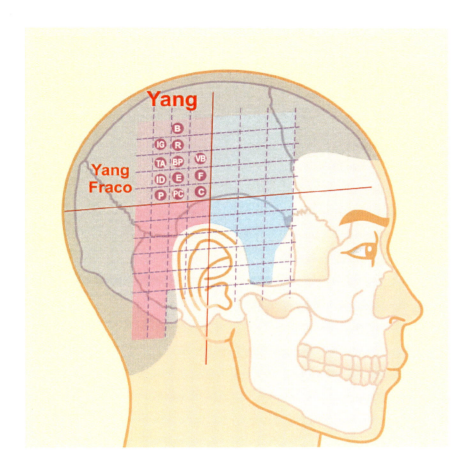

9. Método de diagnóstico abdominal e cervical de Yamamoto

Apresentação

Os diagnósticos abdominal e cervical de Yamamoto são a base do sucesso nos tratamentos quando se tem a necessidade do uso dos pontos Ypsilon.

O abdômen é muito importante na medicina oriental, em particular, nos métodos de diagnose e tratamento da acupuntura japonesa, e é considerado a sede da Energia Vital (KI).

Essas áreas de reflexo encontradas no abdômen têm relações com as energias dos órgãos internos (Zo-Fu). Quando existe alguma disfunção na circulação de energia vital do órgão, a área relacionada (no abdômen ou na cervical) pode apresentar padrão de alterações de sensibilidade e no tônus muscular.

Portanto, quando há a presença de alguma área sensível à palpação na região abdominal, ela também, segundo o método de Yamamoto, se refletirá na região do pescoço.

9.1. Diferenças entre os diagnósticos de Yamamoto

Diagnóstico Abdominal

- No início, por ser uma área ampla, melhor para o terapeuta

Diagnóstico Cervical

- Mais cômoda ao cliente.

- Mais rápido de acessar.

- Não precisa se despir.

9.2. Reações durante o tratamento

Ao se tratar corretamente o ponto Y em desequilíbrio, simultaneamente, a área correspondente no abdômen e na cervical devem ter sua sensibilidade e tensão desaparecidas ou diminuídas consideravelmente.

Se não houver melhora significativa nas áreas do abdômen e cervical, recomenda-se mudar a direção da ponta da agulha, sem retirá-la do local, até o cliente relatar alguma alteração na sensação.

9.3. Diagnóstico Abdominal

As áreas de diagnóstico abdominal são mais fáceis de aprender e localizar devido à dimensão do abdômen, e, também, de fácil confirmação quando da correta estimulação dos pontos escalpeanos.

Buscam através da palpação investigatória, com as pontas dos dedos (vide foto), as áreas que apresentam qualquer alteração na sensibilidade ou no tônus, para se determinar os pontos Y a serem tratados.

Após determinar os pontos com alterações, aplicar as agulhas nos pontos Y correspondentes.

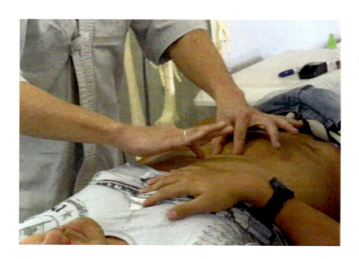

Em seguida à inserção da agulha, confirmar se houve alguma mudança na área do abdômen e se ele quaisquer alterações.

9.4. Localização das áreas do diagnóstico abdominal

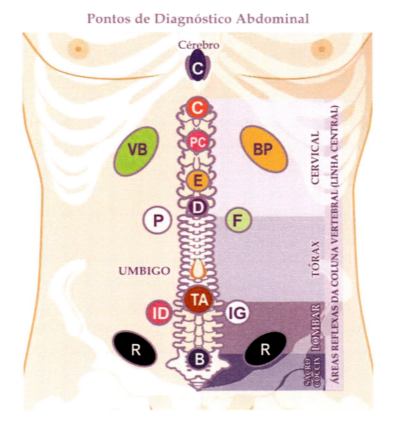

9.4.1. Somatotopia dos Pontos Neurológicos na região do Hara-Diagnóstico

Pontos Neurológicos na região do Hara-Diagnóstico

Gânglios Basais – situam-se junto ao processo xifoide.

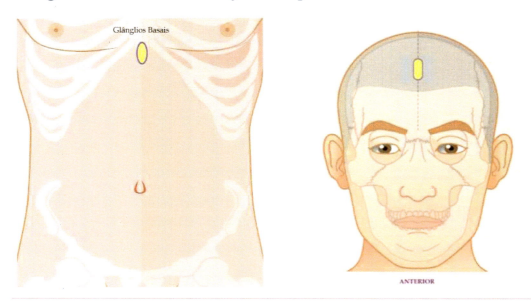

Cérebro e Cerebelo – localizam-se bilateralmente ao ponto dos Gânglios Basais, sendo o ponto do cérebro localizado na parte superior e o cerebelo na parte inferior.

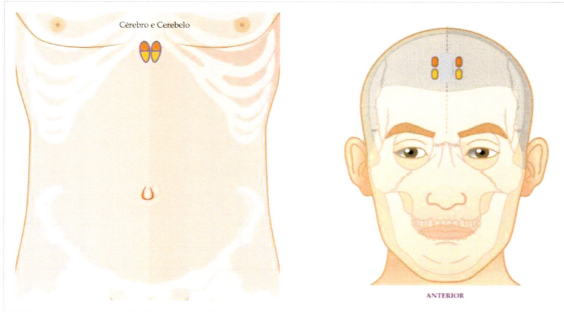

10. Somatotopia dos órgãos Zang Fu na região do Hara-Diagnóstico

Coração

Localiza-se no quarto espaço superior, entre o espaço formado pela área do cérebro e a cicatriz umbilical

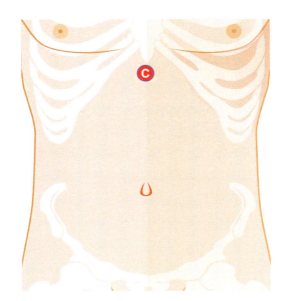
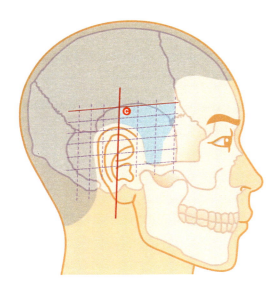

Pericárdio

Está +/- a 1 cm abaixo da área do coração.

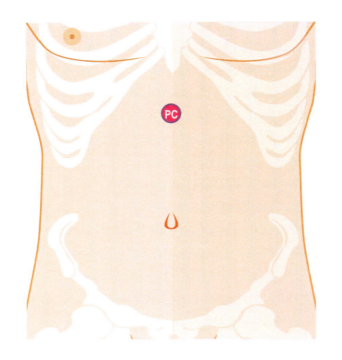

Yin

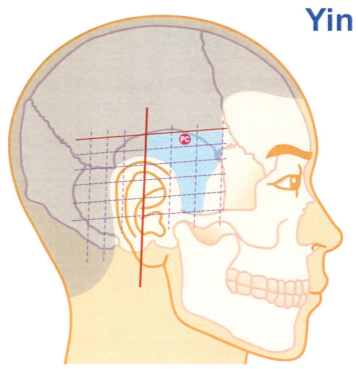

Estômago

Está a 5 cm acima da cicatriz umbilical.

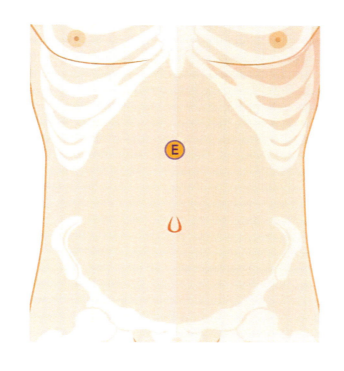

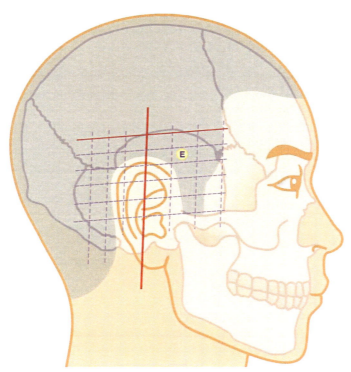

Triplo Aquecedor

Está a +/- 2 cm abaixo da cicatriz umbilical.

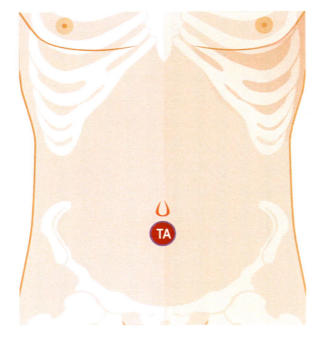

Yin

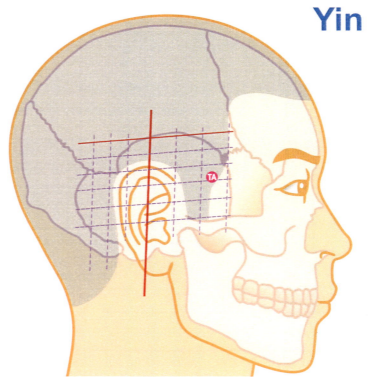

Bexiga

Está a +/- 2 cm acima da sínfise púbica.

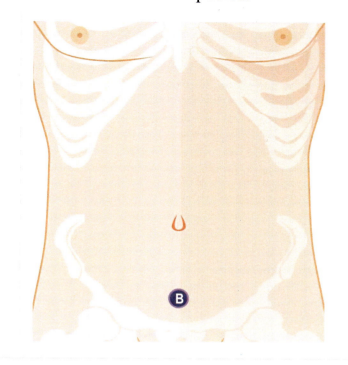

Yin

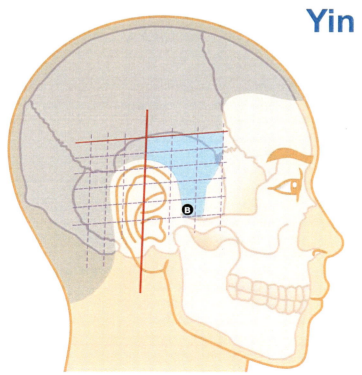

Vesícula Biliar

Está à esquerda, abaixo do rebordo costal.

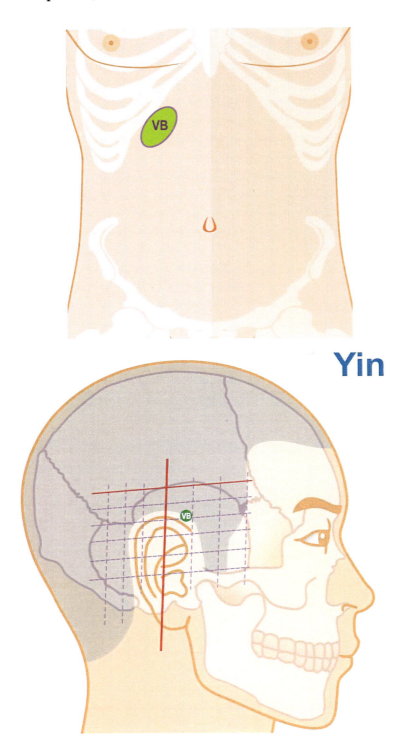

Baço/Pâncreas

Está à direita, abaixo do rebordo costal.

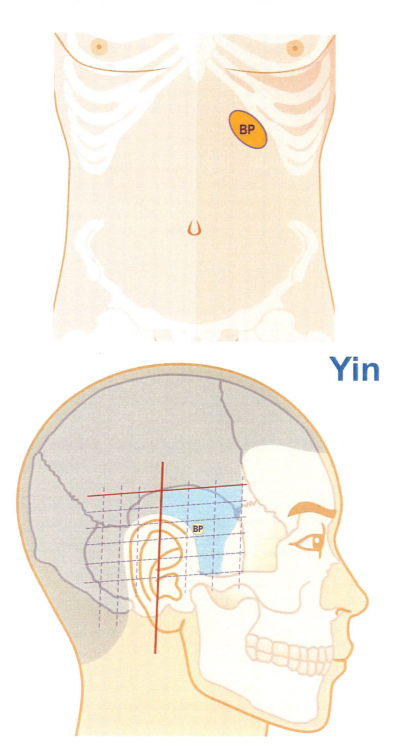

Pulmão

Está na lateral direita, a 40º superior da cicatriz umbilical.

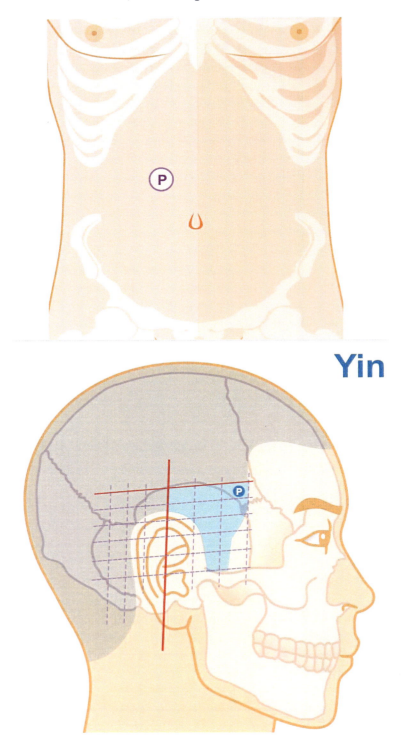

Fígado

Está na lateral esquerda da cicatriz umbilical, na altura do ponto do Pulmão.

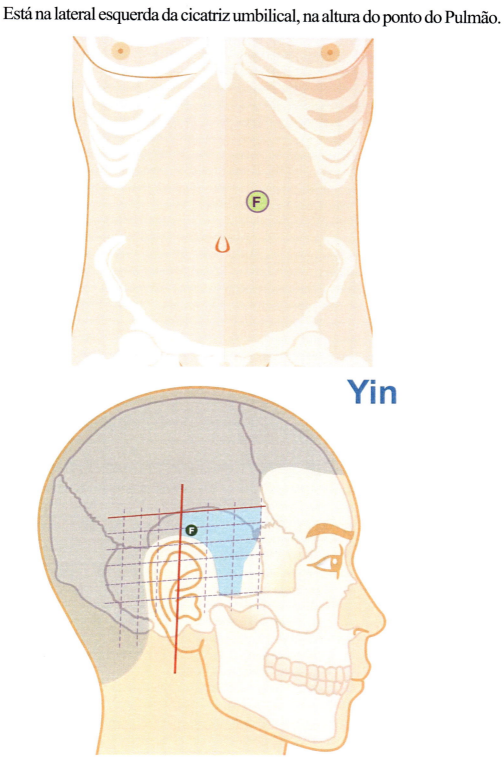

Yin

Intestino Delgado

Está à lateral esquerda, a 40º inferior à cicatriz umbilical.

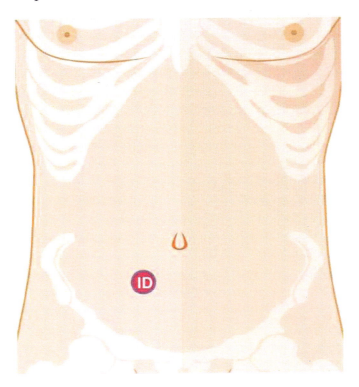

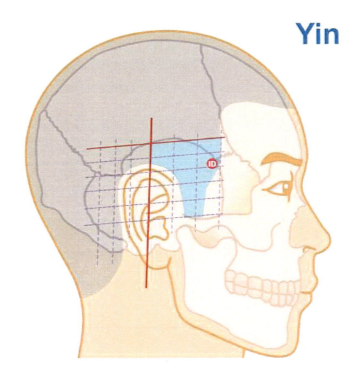

Intestino Grosso

Está à lateral direita, na altura do ponto do intestino delgado.

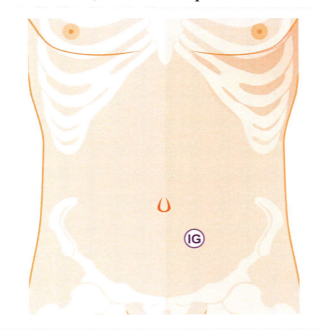

Yin

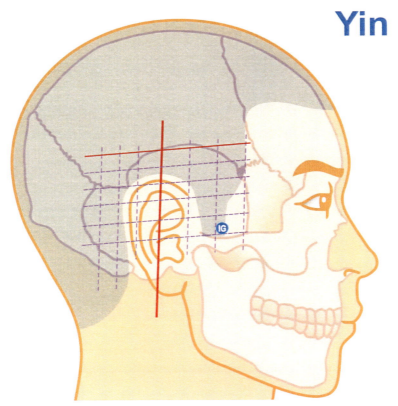

Rim

Está na região inguinal, bilateralmente na altura do ponto da bexiga.

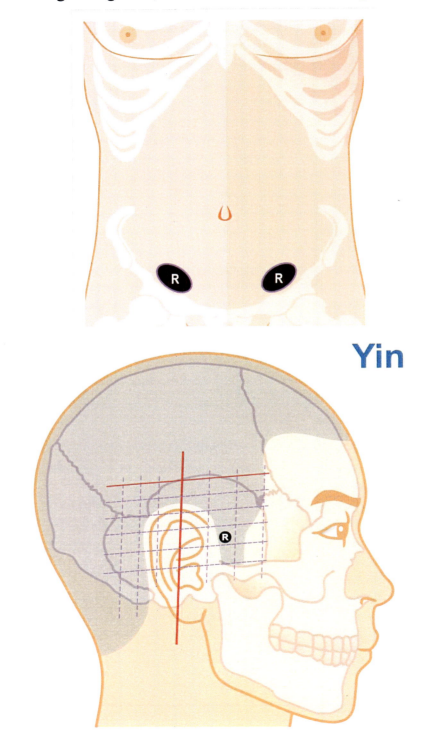

Yin

11. Somatotopia da Coluna Vertebral na região do Hara-Diagnóstico

Pontos da Coluna Vertebral na região do Hara-Diagnóstico

Vértebras Cervicais

Bilateralmente ao longo do meridiano VC, em duas linhas que se iniciam na altura dos pontos do coração até o estômago.

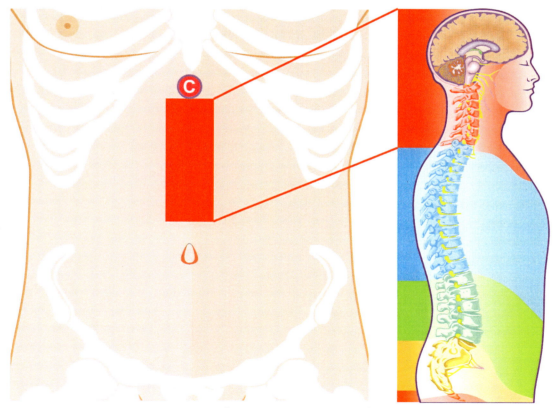

Coluna Cervical

Vértebras Torácicas

Localizam-se em um círculo em torno do umbigo entre a área do E e do TA.

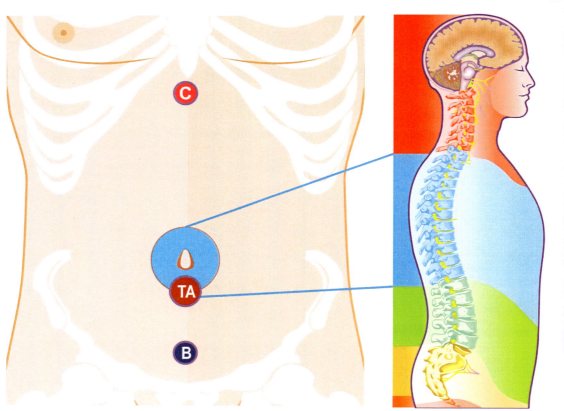

Coluna Torácica

Vértebras Lombares

Localizam-se em duas linhas paralelas laterais ao VC entre a área do TA e da B.

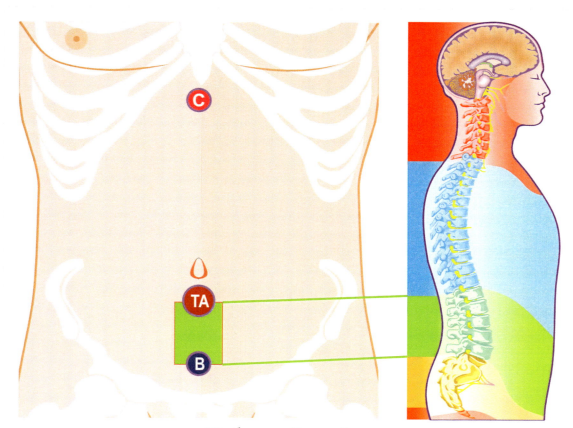

Coluna Lombar

Sacrocóccix

Localiza-se em duas linhas paralelas laterais ao VC, abaixo da área da B até a sínfise púbica.

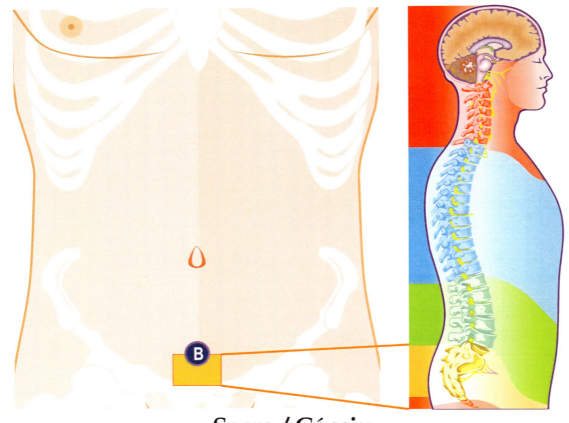

Sacro / Cóccix

12. Diagnóstico Cervical da Escalpopuntura Japonesa

As áreas de diagnóstico cervical são em menor diâmetro se comparadas com as do diagnóstico abdominal. A correta utilização do diagnóstico cervical exige maior prática por parte do terapeuta, e este auxilia na investigação das áreas do abdômen.

Recomenda-se primeiramente aprender o diagnóstico abdominal, para depois se aperfeiçoar na prática do diagnóstico cervical.

Como no diagnóstico abdominal, busca-se, através da palpação investigatória, as áreas que apresentam qualquer alteração na sensibilidade ou no tônus, para se determinar os pontos Y a serem tratados.

Após determinar os pontos com alterações, aplicar as agulhas nos pontos Y correspondentes.

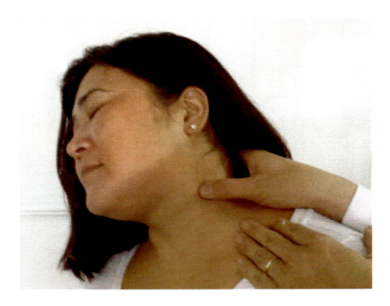

Em seguida à inserção da agulha, confirmar novamente se houve alguma mudança na área do pescoço que apresentou alterações.

Bexiga

Localiza-se posterior à clavícula, na linha anterior do ESCM (músculo esternocleidomastóideo).

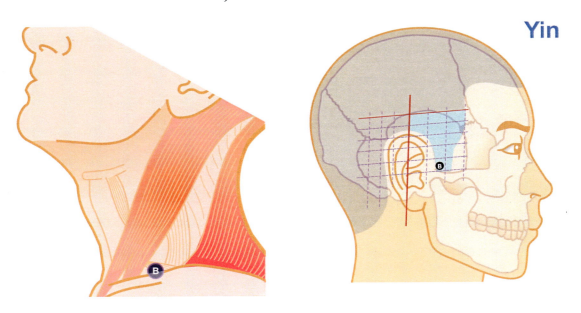

Rim

Localiza-se acima do ponto anterior na borda do ESCM.

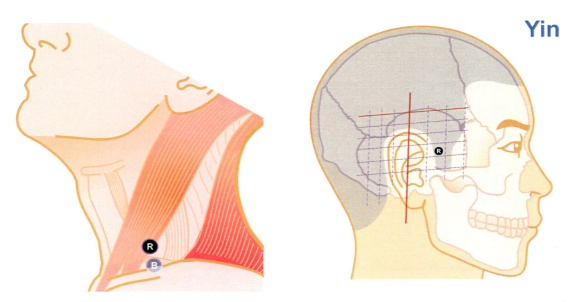

Bexiga

Localiza-se no centro do músculo ESCM.

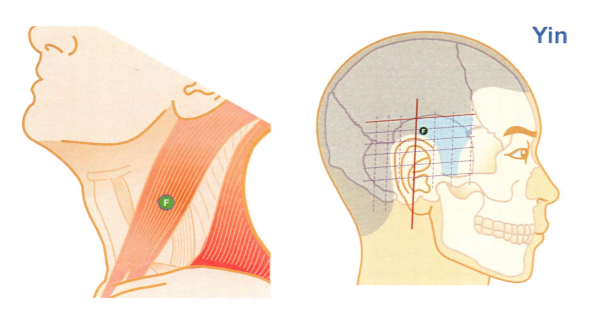

Vesícula Biliar

Localiza-se acima do ponto do R na borda anterior do ESCM.

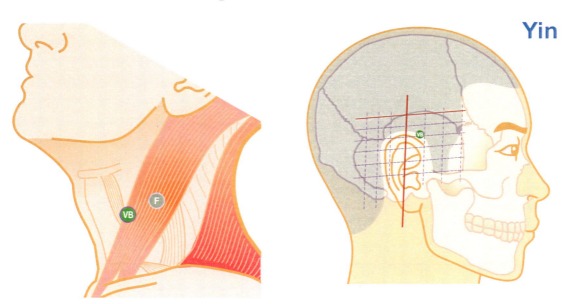

Pericárdio

Localiza-se acima do ponto VB na borda anterior do ESCM.

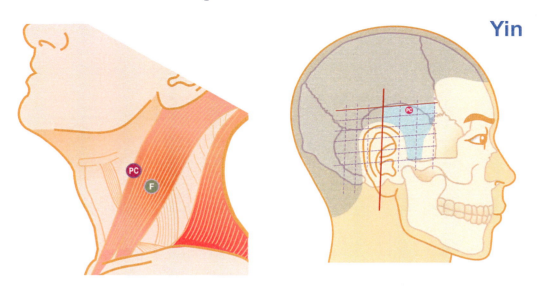

Coração

Localiza-se acima do ponto anterior na borda anterior do ESCM.

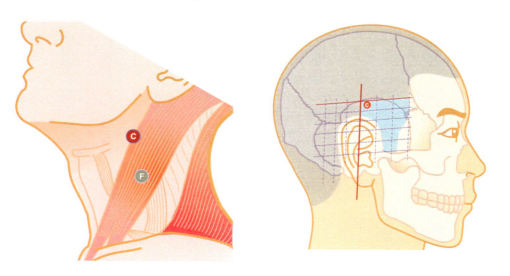

Intestino Grosso

Localiza-se +/- no meio do músculo trapézio.

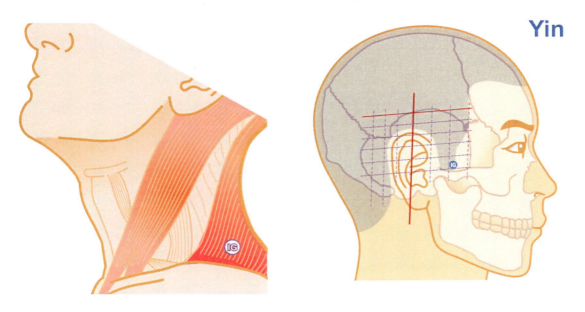

Estômago

Localiza-se acima do ponto anterior, no músculo trapézio.

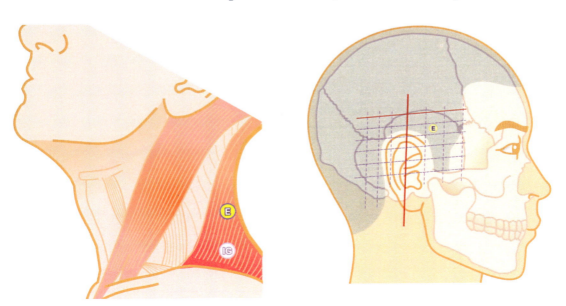

Baço/Pâncreas

Localizam-se a 1/3 da distância entre os pontos do E e F, localizados na borda do músculo trapézio.

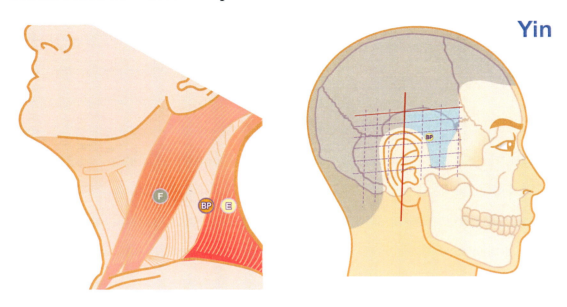

Triplo Aquecedor

Localiza-se abaixo do ponto anterior, localizado na borda do músculo trapézio.

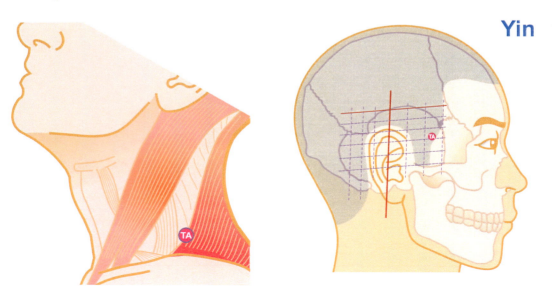

Intestino Delgado

Localiza-se acima do ponto BP, na borda do músculo trapézio.

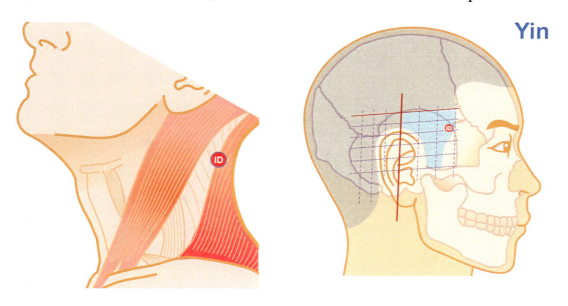

Pulmão

Localizado lateralmente na cartilagem tireóidea. Recomenda-se palpar simultaneamente os dois lados no momento da anamnese deste ponto.

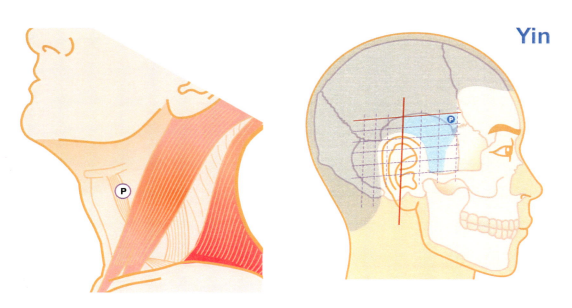

12.2. Localização na região do pescoço da Coluna e Cérebro

Coluna Vertebral e Cérebro

Localizam-se em linha em lateral posterior ao ponto do rim.

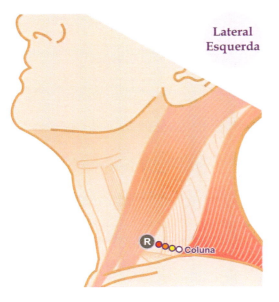

12.3. Localização na região do pescoço do ponto ZS

ZS

Localiza-se posterior ao ponto da Bexiga, atrás da clavícula.

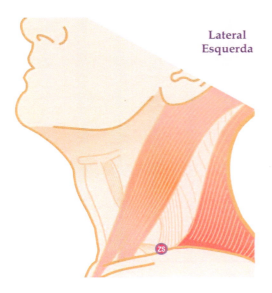

13. Somatotopias Adicionais

13.1. Somatotopias Adicionais da Escalpopuntura Japonesa

Na Escalpopuntura Japonesa, foram encontradas somatotopias adicionais com funções terapêuticas específicas e outras de múltiplas funções.

São estes os pontos:

- Ponto ZS.
- Pontos Tinitus.
- Ponto da Afasia.
- Pontos Nervos Cranianos.
- Sagital-Mediana (anterior e posterior).

13.2. Somatotopias Adicionais: Ponto ZS

Localização: a distância média e inferior aos pontos P e PC da face Yin.

Indicações: problemas hormonais (femininos).

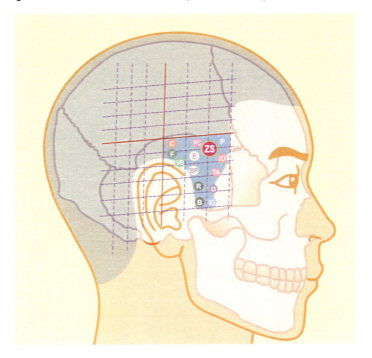

13.3. Somatotopias Adicionais: Pontos Tinitus

Localização: na distância média dos pontos B e R da face Yin e Yang Fracos.

Indicações: problemas no aparelho auditivo, zumbido e vertigem.

Observação: aplicar junto com o Ponto Ouvido, na face Yin e Yang.

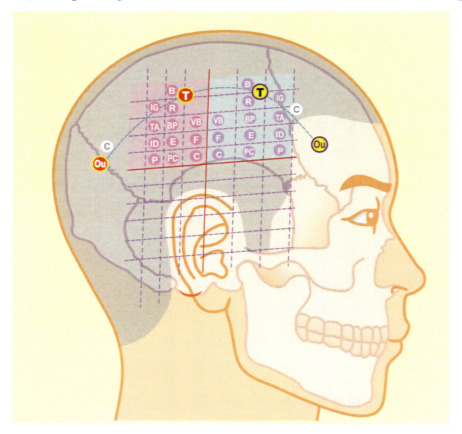

13.4. Somatotopias Adicionais: Ponto Afasia

São dois pontos localizados entre os pontos do Baço e do Estômago, tanto na face Yin quanto na face Yang.

Afasia de Broca

Localização: na distância média e inferior aos pontos BP e E da face Yin.

Indicações: afasia motora ou de expressão (dificuldade motora localizada no braço direito com dificuldade na fala e depressão).

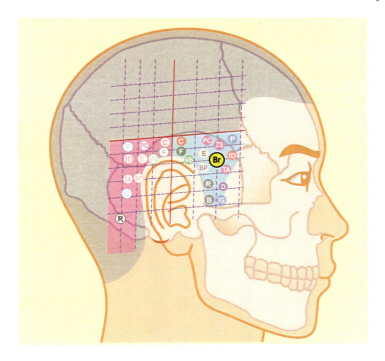

Afasia de Wernicke

Localização: na distância média e inferior aos pontos BP e E da face Yang.

Indicações: afasia sensitiva ou de compreensão (não percebe que fala errado).

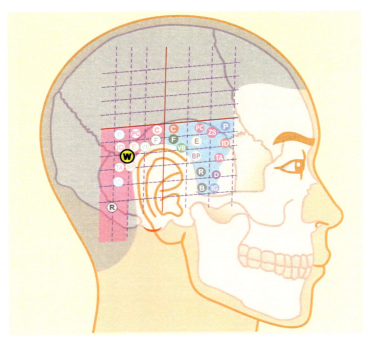

13.5. Somatotopias Adicionais: Pontos Nervos Cranianos

Localização: são no total de 12 pontos e seguem em linha em direção superior, a partir do ponto básico A, em uma sequência semelhante a um "cordão de pérolas".

Indicações: tratamento dos órgãos zang-fu correspondentes e também das correspondências dos 12 pares de nervos cranianos (motoras e sensitivas).

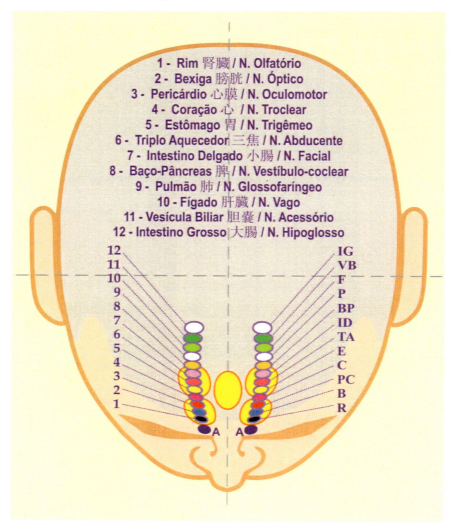

Na prática, podemos utilizar os pontos nervos cranianos no tratamento dos desequilíbrios energéticos (endurecimento ou áreas sensíveis à pressão) detectados na região do abdômen e do pescoço. Confirmado sinais nas regiões do abdômen ou pescoço, localizamos nas áreas dos pontos nervos cranianos as áreas correspondentes por uma cuidadosa palpação.

Após localizados e agulhados os pontos Nervos Cranianos, realiza-se nova palpação abdominal ou cervical para confirmação do tratamento realizado.

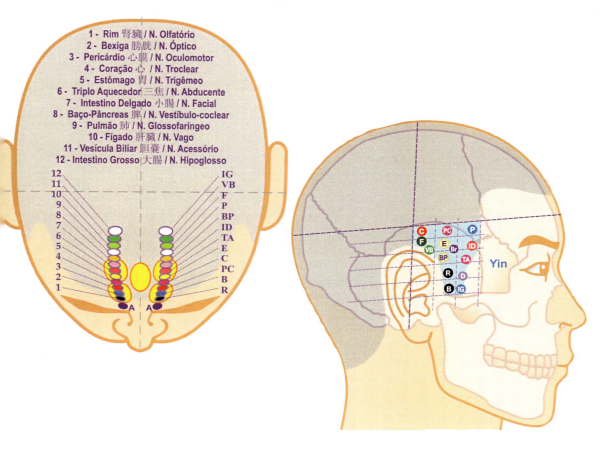

Em minha prática pessoal, podemos também utilizar os pontos Ypsilon da face Yin para diagnose, substituindo a palpação cervical e abdominal.

Procede-se da mesma maneira como na prática da diagnose abdominal e cervical detalhada anteriormente.

13.6. Somatotopias Adicionais: Sagital Mediana

Esta Somatotopia adicional da Escalpopuntura Japonesa, refere-se à presença de dois hologramas adicionais do corpo humano, na região onde se inicia a partir da linha anterior da implantação do cabelo, em uma faixa de 2 cm de largura, estendendo-se até a parte posterior da cabeça, pouco abaixo da sutura lambdoide.

Estes dois hologramas correspondem ao corpo em decúbito ventral e outra sobreposta, em decúbito dorsal.

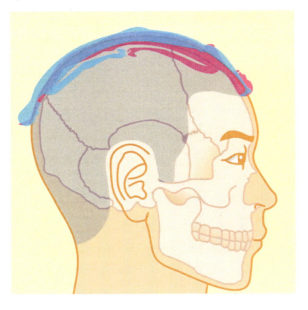

Sagital Mediana Anterior

Localização: inicia-se a partir da linha anterior da implantação do cabelo, em uma faixa de 2 cm de largura, estendendo-se até a parte posterior da cabeça, pouco abaixo da sutura lambdoide.

Indicações: tratamento de parestesias, paresias, algias motoras, distúrbios circulatórios na região anterior do corpo.

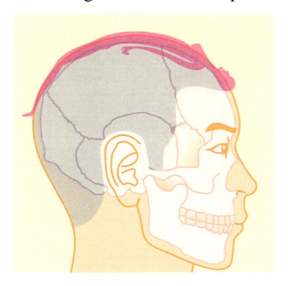

Sagital Mediana Posterior

Localização: inicia-se pouco abaixo da sutura lambdoide, em uma faixa de 2 cm de largura, estendendo-se até a parte anterior da cabeça, até linha anterior da implantação do cabelo.

Indicações: tratamento de parestesias, paresias, algias motoras, distúrbios circulatórios na região posterior do corpo.

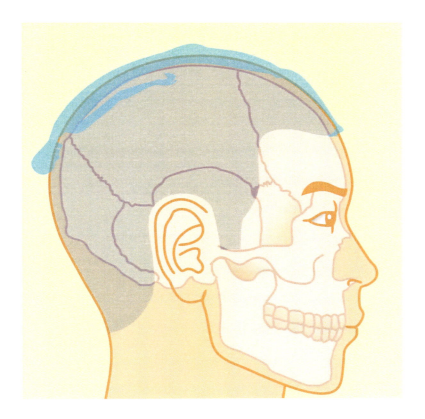

14. Pontos chave mestra

São pontos de ação rápida e de alta eficiência que podem ser aplicados isoladamente ou em conjunto com os outros pontos da Escalpopuntura Japonesa, podendo potencializar os efeitos de outros pontos.

São o conjunto total de quatro pontos com atuações específicas:

- Ponto Tinido.
- Ponto Corpo Superior.
- Ponto Corpo Inferior.
- Ponto Rouquidão.

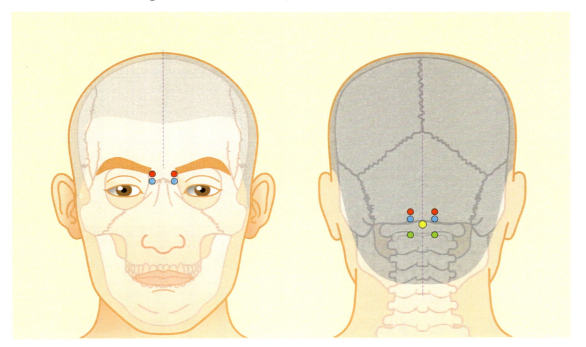

Pontos chave mestra: Ponto Tinido

Localização: logo acima da 1.ª vértebra cervical na linha média.

Indicações: tratamento do tinido (barulhos).

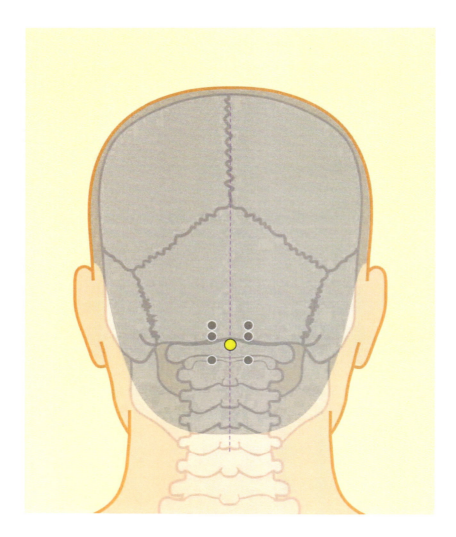

Pontos chave mestra: Pontos Corpo Superior

Localização:

Face Yin: lateralmente e próximo ao ponto YinTang.

Face Yang: lateral e acima do ponto Tinido, acima do ponto Corpo Inferior.

Indicações: tratamento de problemas na metade superior do corpo.

Observações:

Em casos de algias: aplicar os pontos ipsolaterias.

Em casos de parestesias e paresias: aplicar os pontos contralaterais.

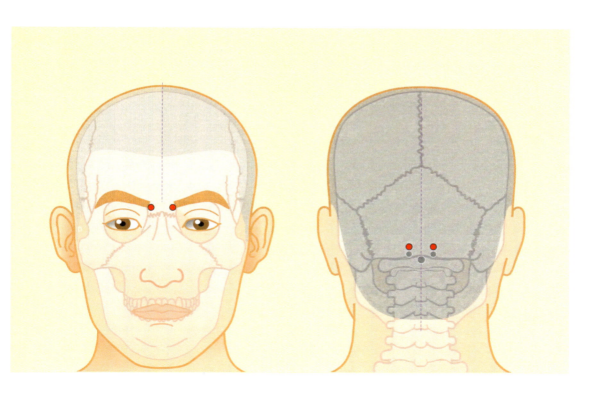

Pontos chave mestra: Pontos Corpo Inferior

Localização:

Face Yin: lateralmente e próximo ao ponto YinTang, logo abaixo do ponto corpo superior.

Face Yang: lateral e acima do ponto Tinido, abaixo do ponto Corpo Superior.

Indicações: tratamento de problemas na metade inferior do corpo.

Observações:

Em casos de algias: aplicar os pontos ipsolaterias.

Em casos de parestesias e paresias: aplicar os pontos contralaterais.

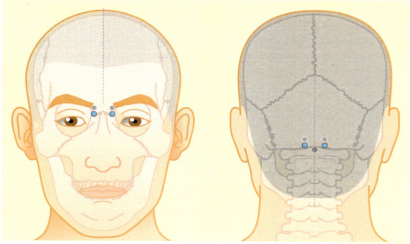

Pontos chave mestra: Ponto Rouquidão

Localização: lateralmente e abaixo do ponto Tinido, na base da 1.ª vértebra cervical.

Indicações: tratamento de problemas de rouquidão.

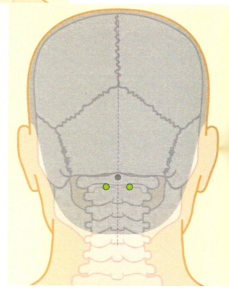